KB032642

FOR MARVEL PUBLISHING
JEFF YOUNGQUIST & **CAITLIN O'CONNELL**, EDITORS
DAVID GABRIEL, SVP OF SALES & MARKETING, PUBLISHING
C.B. CEBULSKI, EDITOR IN CHIEF
JOE QUESADA, CHIEF CREATIVE OFFICER
DAN BUCKLEY, PRESIDENT, MARVEL ENTERTAINMENT

FOR MARVEL STUDIOS
KEVIN FEIGE, PRESIDENT
LOUIS D'ESPOSITO, CO-PRESIDENT
VICTORIA ALONSO, EXECUTIVE VICE PRESIDENT, PRODUCTION
JONATHAN SCHWARTZ, EXECUTIVE, PRODUCTION & DEVELOPMENT
MICHELLE MOMPLAISIR, PRODUCTION & DEVELOPMENT MANAGER
SARAH BEERS, VICE PRESIDENT, FRANCHISE CREATIVE & MARKETING
RYAN POTTER, VICE PRESIDENT, BUSINESS AFFAIRS
ERIKA DENTON, CLEARANCES DIRECTOR
RANDY McGOWAN, VICE PRESIDENT, TECHNICAL OPERATIONS
ALEX SCHARF, PRODUCTION ASSET MANAGER
SUSANA LOU, DIGITAL ASSET COORDINATOR
MITCH BELL, VICE PRESIDENT, PHYSICAL PRODUCTION
DAVID GRANT, VICE PRESIDENT, PHYSICAL PRODUCTION
ALEXIS AUDITORE, MANAGER, PHYSICAL PRODUCTION

JOHN NEE, PUBLISHER
DAVID BOGART, ASSOCIATE PUBLISHER & SVP OF TALENT AFFAIRS
TOM BREVOORT, SVP OF PUBLISHING
DAN CARR, EXECUTIVE DIRECTOR OF PUBLISHING TECHNOLOGY
SUSAN CRESPI, PRODUCTION MANAGER
DAN EDINGTON, MANAGING EDITOR
ALEX MORALES, DIRECTOR OF PUBLISHING OPERATIONS
STAN LEE, CHAIRMAN EMERITUS

로드 투 어벤져스 엔드게임 아트북
The Road to Marvel's Avengers: Endgame
- The Art of the Marvel Cinematic Universe

1판 1쇄 발행 2019년 7월 15일
글 엘레니 루소스
번역 김민성
감수 김종윤(김닛코)
펴낸이 하진석
펴낸곳 ART NOUVEAU
주소 서울시 마포구 독막로3길 51
전화 02-518-3919
팩스 0505-318-3919
이메일 book@charmdol.com
신고번호 제 2016-000164호
신고일자 2016년 6월 7일

ISBN 979-11-87824-79-4 03680

■ 메이너딩

THE ART OF THE MARVEL CINEMATIC UNIVERSE

저자
엘레니 루소스

프로젝트 매니저
앨릭스 샤프

도서 디자인 및 레이아웃
애덤 델 레

커버 아트
라이언 메이너딩

어벤져스의 원작자
스탠 리와 잭 커비

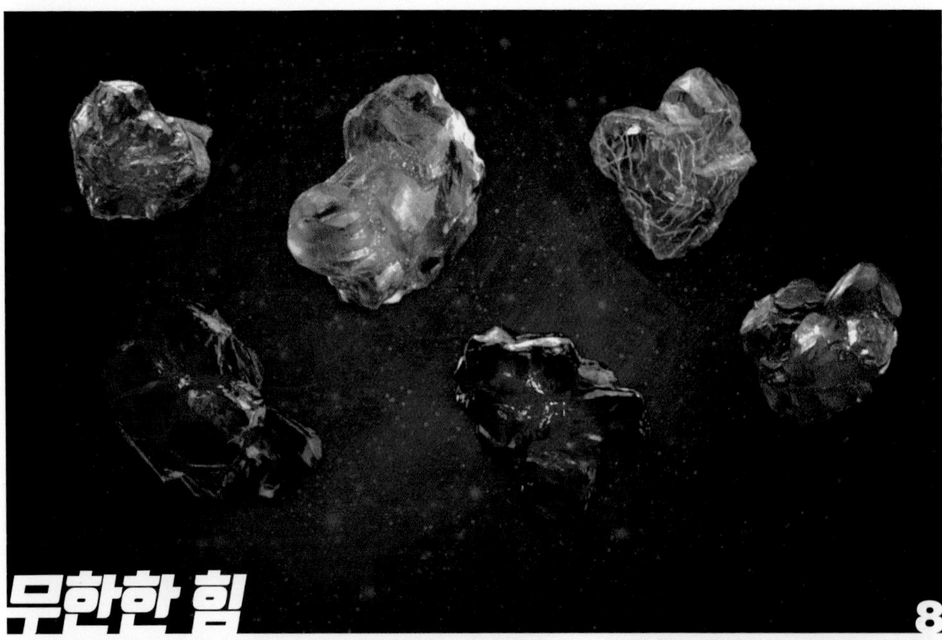
무한한 힘 8

타노스 112

어벤져스 124

영웅들의 귀환 150

고마운 분들 178

크리에이터 정보 180

제작 아티스트 182

타노스의 아이들 114

THE ARTISTS 아티스트

라이언 메이너딩
시각 개발 팀장

앤디 박
시각 개발 감독

앤서니 프랜시스코
선임 시각 개발 아티스트

필 손더스
콘셉트 아티스트

아디 그라노브
콘셉트 아티스트

카를라 오르티스
콘셉트 아티스트

콘스탄틴 세케리스
콘셉트 아티스트

툴리 서머스
콘셉트 아티스트

라이언 랭
콘셉트 아티스트

웨슬리 버트
콘셉트 아티스트

찰리 웬
전 공동 시각 개발 팀장

잭슨 제
선임 시각 개발 아티스트

로드니 푸엔테벨라
선임 시각 개발 아티스트

조시 니치
콘셉트 일러스트레이터

저래드 메란츠
콘셉트 아티스트

조시 허먼
콘셉트 아티스트

미하엘 쿠체
콘셉트 아티스트

파우스토 데 마르티니
콘셉트 아티스트

알렉시 브릭롯
콘셉트 아티스트

저스틴 스위트
콘셉트 아티스트

INTRODUCTION 소개

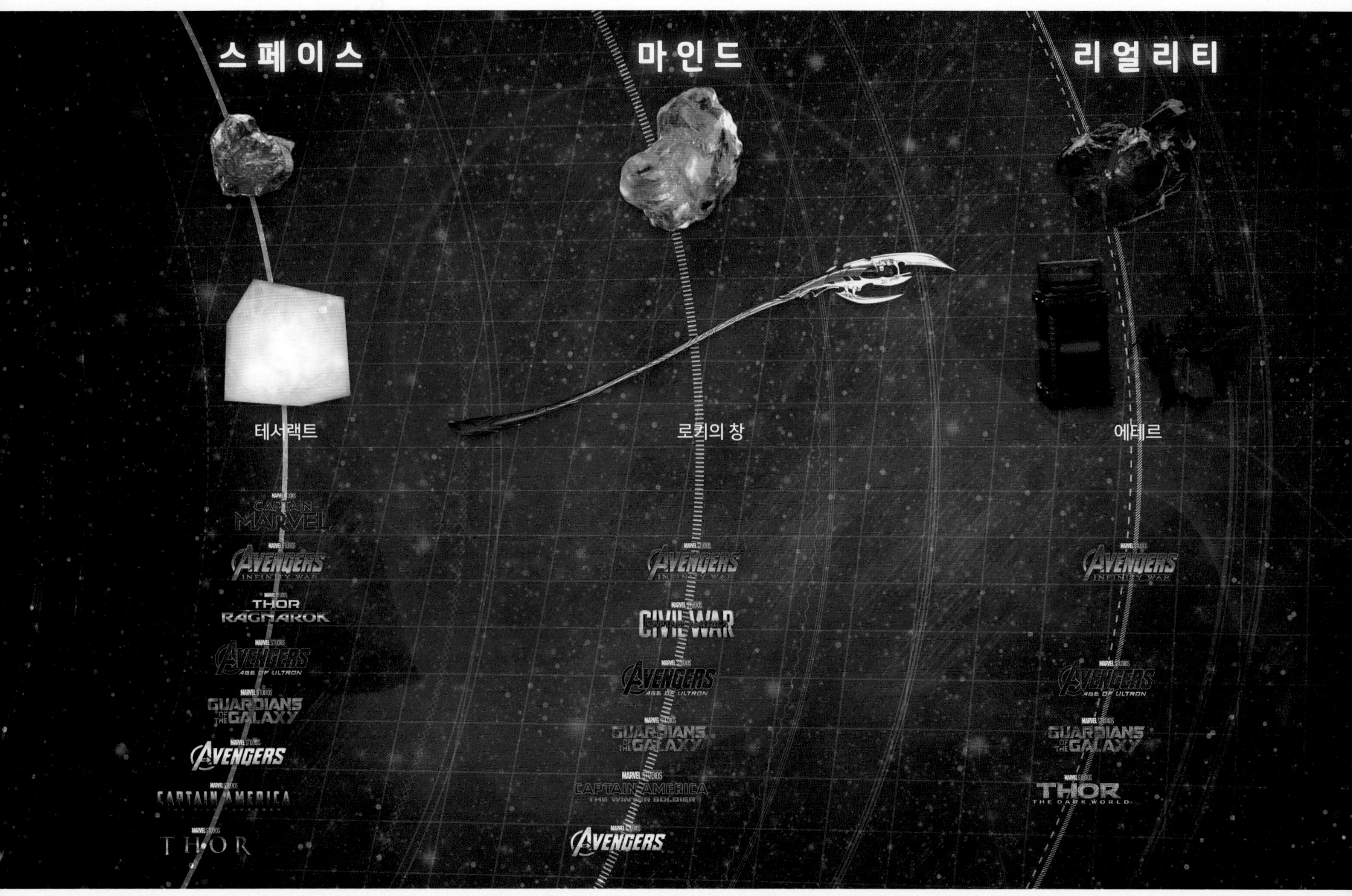

이제 마무리 단계다. 스페이스, 마인드, 리얼리티, 파워, 타임 그리고 소울 스톤까지, 6개의 리얼리티 스톤이 모두 모습을 드러냈다. "이 인피니티 스톤들은 지금껏 MCU 곳곳에서 자신의 정체를 조금씩 밝혀 왔습니다." 〈어벤져스: 인피니티 워〉와 〈어벤져스: 엔드게임〉의 총괄 제작자, 트린 트란은 말했다. "MCU의 모든 영화들은 다양한 방식으로 이 스톤들을 소개했죠." 인피니티 스톤은 마블 스튜디오의 영화 제작자들이 만들어낸 장대한 서사시에서 결코 빠질 수 없는 역할을 수행했다. 등장 빈도에는 차이가 있을지 모르지만, 우리의 히어로들이 타노스의 만행을 다시 되돌려놓기 위해서는 결국 모든 인피니티 스톤이 필요하다. 그들에게 매드 타이탄을 쓰러뜨릴 수 있는지의 가능성은 문제가 되지 않는다. 그저 언제 나서느냐가 문제가 될 뿐.

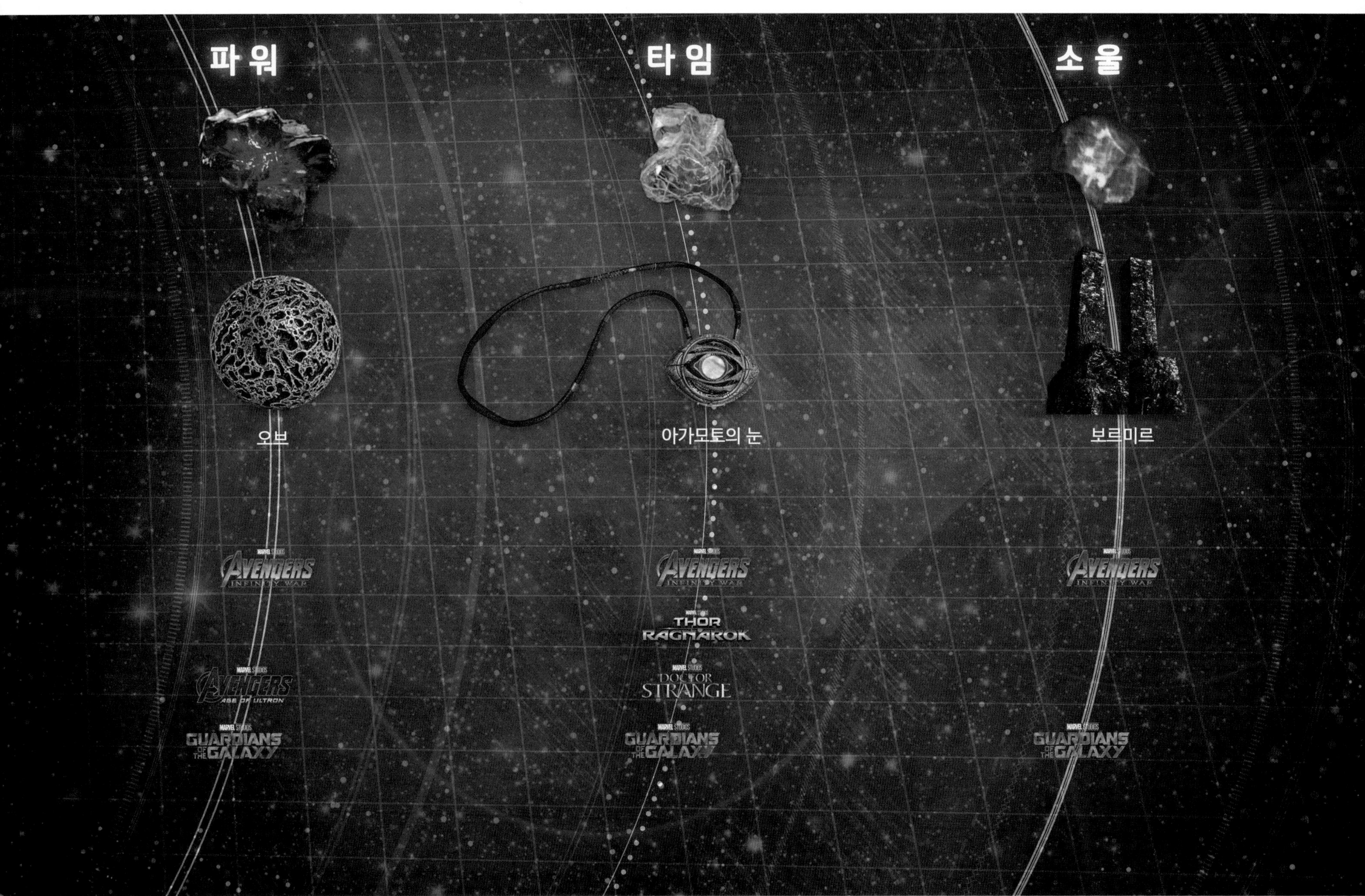

INFINITE POWER 무한한 힘

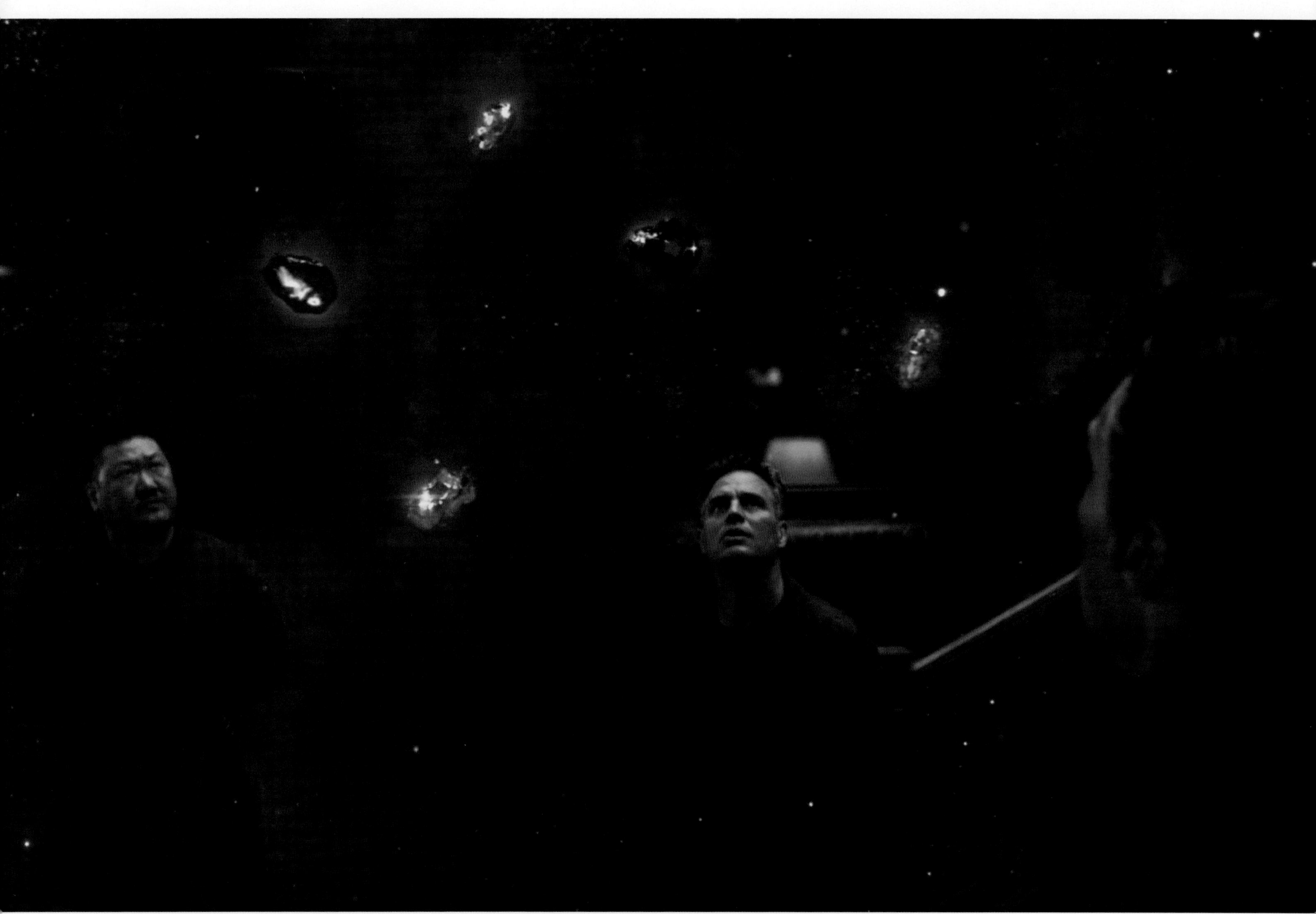

촬영 스틸샷 ▲

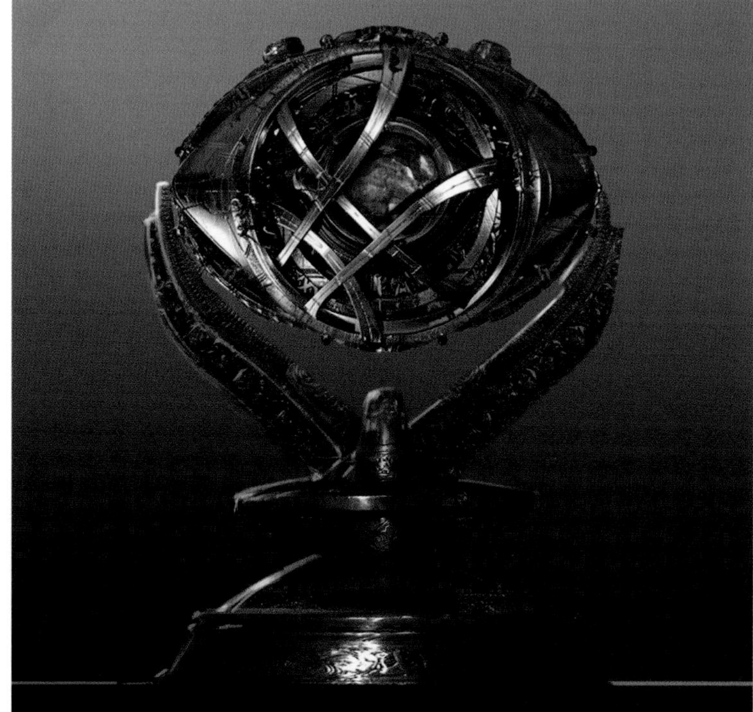

▲ 위 **보렐리**, 중간 **촬영 스틸샷**, 아래 **힐**

아티스트 ▶

"태초에 우주에는 아무것도 없었지. 그러다가 빅뱅이 일어나면서 여섯 가지 속성을 띤 수정들이 처음 생겨난 우주의 곳곳으로 흩어졌지. 이 인피니티 스톤들은 각각 우주의 존재를 구성하는 근원적인 요소들을 지배해."

— 웡, 〈어벤져스: 인피니티 워〉에서

스톤들은 자체만으로 엄청난 힘을 지니고 있지만, 하나로 합쳐지면 그 주인에게 절대적인 힘을 부여한다.

SPACE 스페이스

TESSERACT 테서랙트

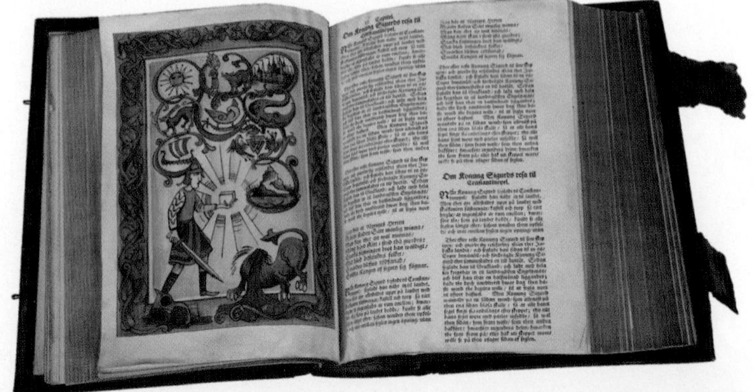

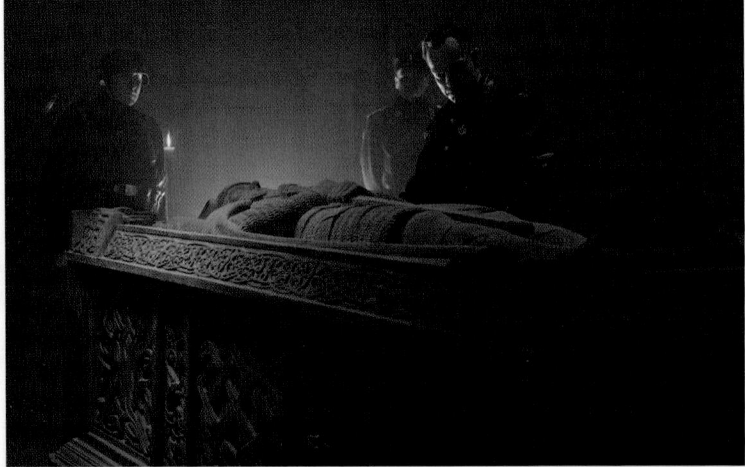

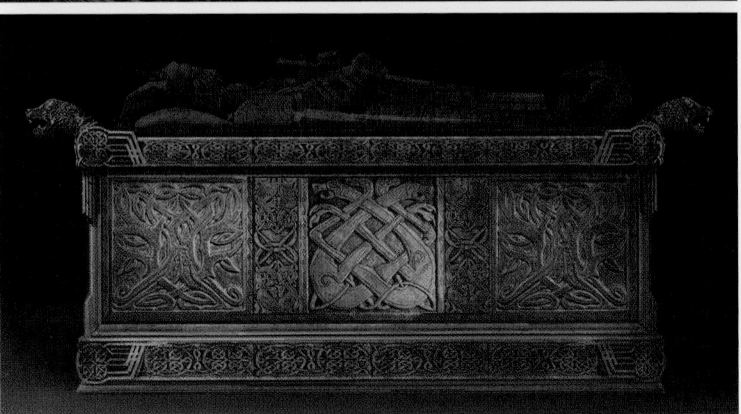

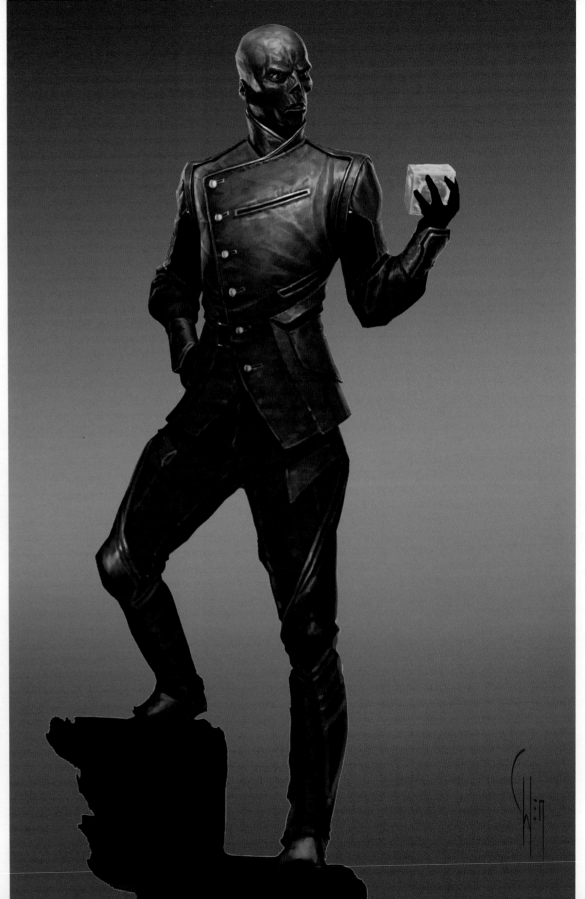

위 최종 제작 소품 ▲
중간 촬영 스틸샷, 아래 보렐리

스페이스 스톤은 우주 어디로든 이동 가능한 웜홀을 여는 능력을 가졌으며, 일명 '테서랙트'라는 정육면체의 외계 유물 속에 들어 있었다.

요한 슈미트, 곧 히드라의 수장인 레드 스컬은 북구 신화에 매우 깊은 관심을 갖고 있었다. 그는 대다수의 사람들이 그저 신화로만 치부하던 아스가르드의 유물인 테서랙트를 찾아 헤맨다. 결국 슈미트는 2차 세계대전이 절정에 다다른 시기, 노르웨이의 퇸스베르그에서 그 육면체를 찾아낸다. 오딘의 보물고에 있어야 할 이 보석이 얼마나 오랫동안 이 곳에 보관되어 있었는지는 알 수 없으나, 결국 테서랙트는 히드라의 손아귀에 들어가 그들이 권력을 쥐는데 필수적인 역할을 하게 된다.

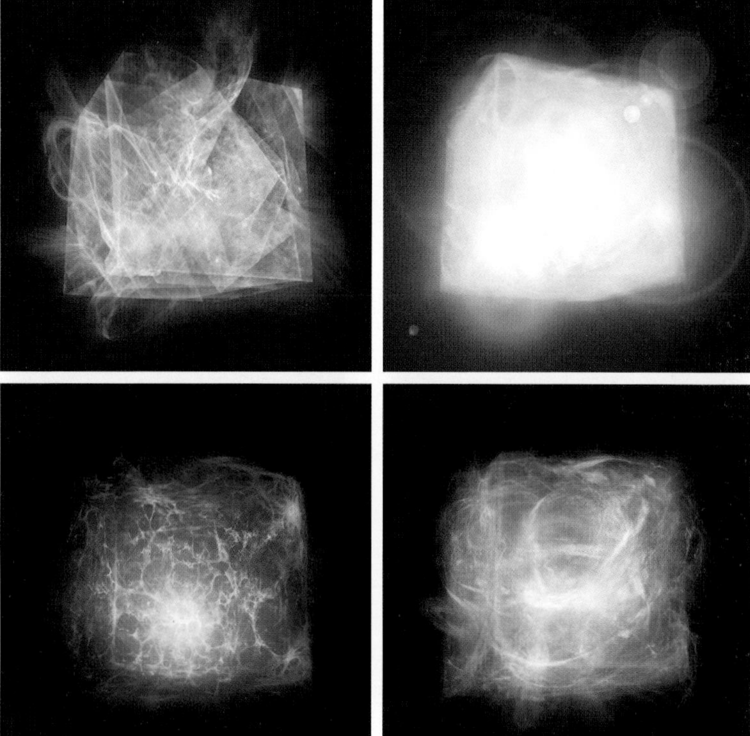

◂ 웬 ▴ 보렐리

▴ 중간과 아래 더블 네거티브

▴ 중간과 아래 더블 네거티브

▴ 카슨

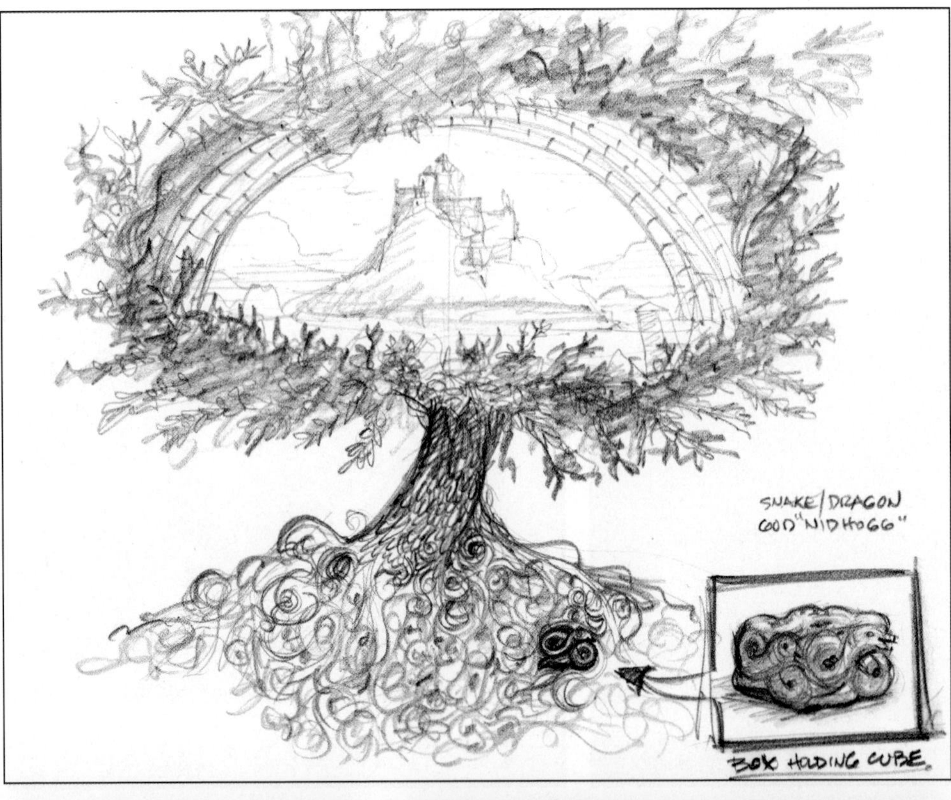

위 **하인리히**, 아래 왼쪽과 오른쪽 **보렐리** ▲

보렐리 ▲

▲ 위와 아래 최종 제작 소품, 중간 보렐리

▲ 최종 제작 소품

테서랙트는 이그드라실, 즉 아스가르드 세계수가 조각된 거대한 조형물의 비밀 장치 속에 숨겨져 있었다. "이 세트는 굉장한 요소를 정말 많이 품고 있었습니다." 〈퍼스트 어벤저〉의 감독 조 존스턴은 말했다. "조형사들은 이 거대한 세계수 조형물을 점토로 직접 제작한 다음 유리섬유 재질로 주조해냈습니다."

"디자인 후보도 정말 다양했습니다." 촬영 담당이었던 셸리 존슨은 말했다. "제가 여기 막 도착했을 때 바로 아트팀으로 가서 이 조형물의 콘셉트 아트를 전부 검토했던 기억이 나네요. 세계수의 후보만 거의 수십 개가 있었습니다."

아티스트들은 구상 단계부터 서로 협력하여 히드라가 테서랙트의 에너지를 이용할 수단을 묘사해냈다. "제가 히드라 기술의 콘셉트 작업을 처음 시작했을 때는 이미 수많은 아티스트들이 이런 저런 구상을 해보고 있었습니다." 시각 개발 팀장 라이언 메이너딩은 말했다. "콘셉트 아티스트 폴 캐틀링이 이미 두 가지 형태의 알루미늄 총기를 만들고 있었기 때문에, 저는 기존의 작업을 계속 진전시키면서 최첨단 기술과 총기가 한데 결합한 듯한 느낌을 줄 방법을 찾으려 했습니다. 또 테서랙트의 에너지를 무기화 하려면 그 에너지를 담아둘 저장 구조는 직선형이 되어야 할 거라고 제안했죠. 그리고 이 에너지를 발사하려면 일종의 원통형 구조에 에너지를 전달시켜야 할 거라고도 의견을 제시했습니다. 그렇게 간단한 형태를 만들어냈습니다."

위 최종 제작 소품 ▲ 메이너딩 ▲

메이너딩 ▲

메이너딩 ▲ 위 보렐리 ▲

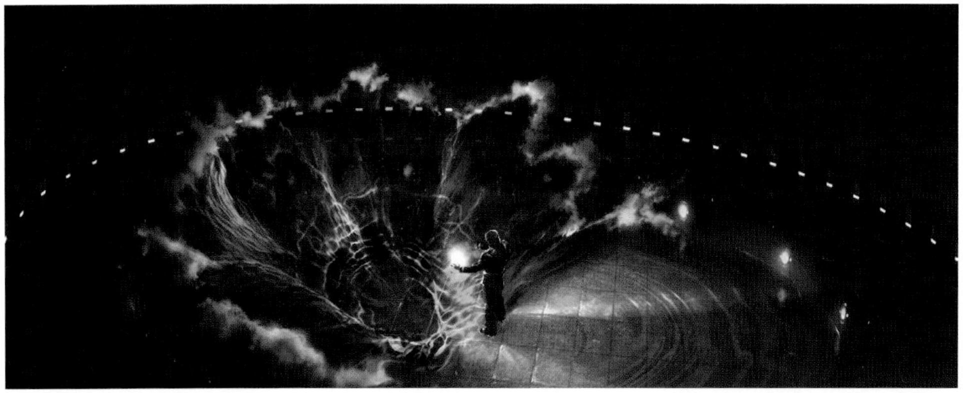

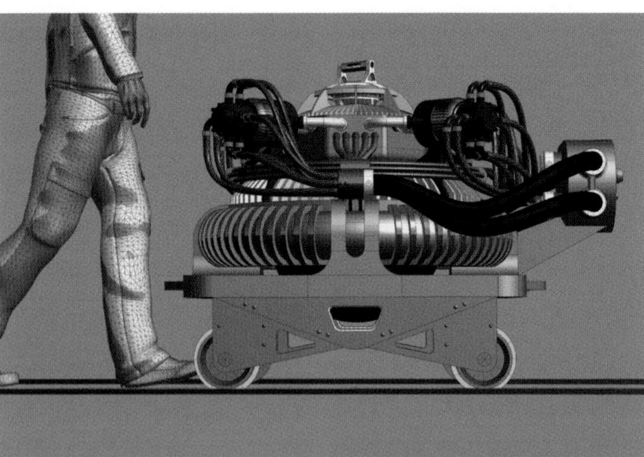
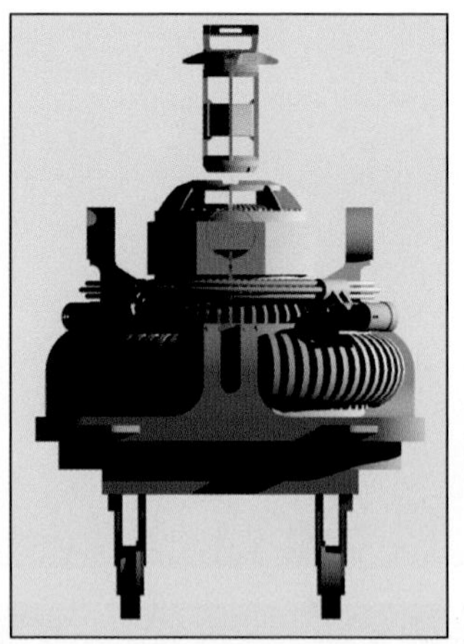

왼쪽 **최종 제작 소품**, 오른쪽 **위커** ▲

촬영 스틸샷 ▲

위 **사이먼** ▲

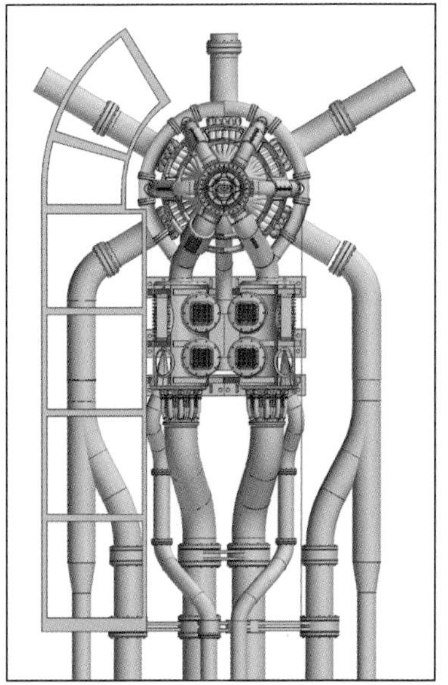

▲위 촬영 스틸샷 ▲ 녹스-존스턴

▲ 캐틀링

▲ 캐틀링

촬영 스틸샷 ▲

위와 오른쪽 아래 정 ▲

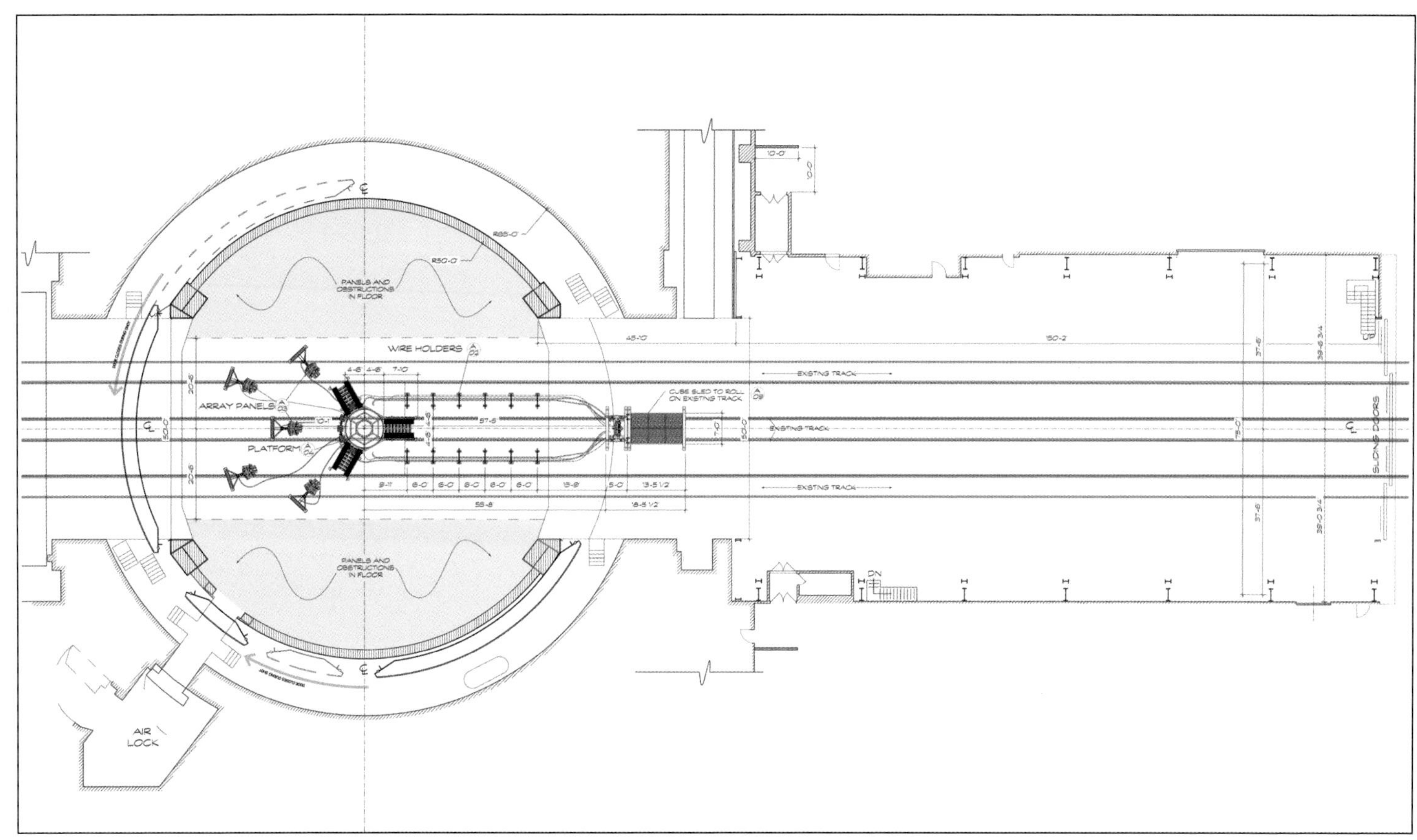

테서랙트는 쉴드가 천체 물리학 교수 에릭 셀빅 박사를 초빙하여 테서랙트 연구를 의뢰하는 장면에서 다시 등장한다. "쉴드의 시설은 어벤져스 제작 준비 과정부터 배경으로 사용할 만한 장소를 이곳저곳 물색하면서 차츰 퍼즐 조각 맞추듯이 완성되어 갔습니다." 제작 디자이너 제임스 친런드는 말했다. "영화의 오프닝 장면에서 벌어지는 액션을 담아낼 웅장한 배경을 찾으려고 미국 곳곳을 샅샅이 뒤지면서 적절한 장소를 물색했습니다. 결국 미국의 4개 주 여기저기에 위치한 후보지들로 선택을 좁힐 수 있었죠."

로키가 테서랙트가 연 차원문을 통해 등장하는 장면은 오하이오 샌더스키에 위치한 NASA의 플럼 브룩 기지에서 촬영했다.

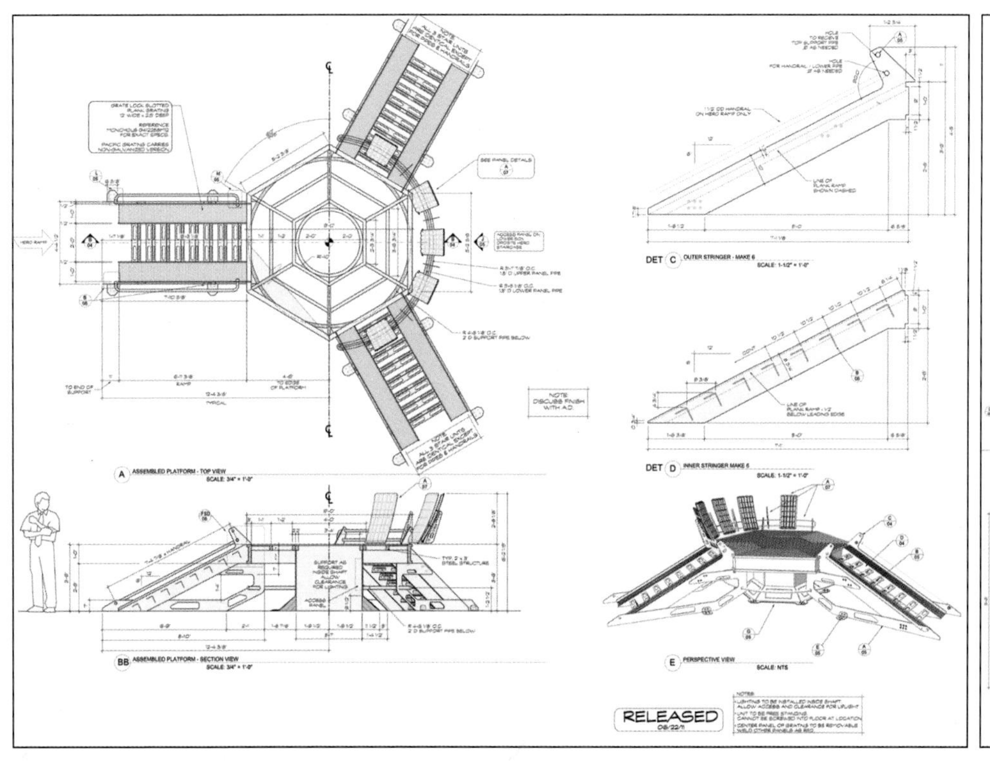

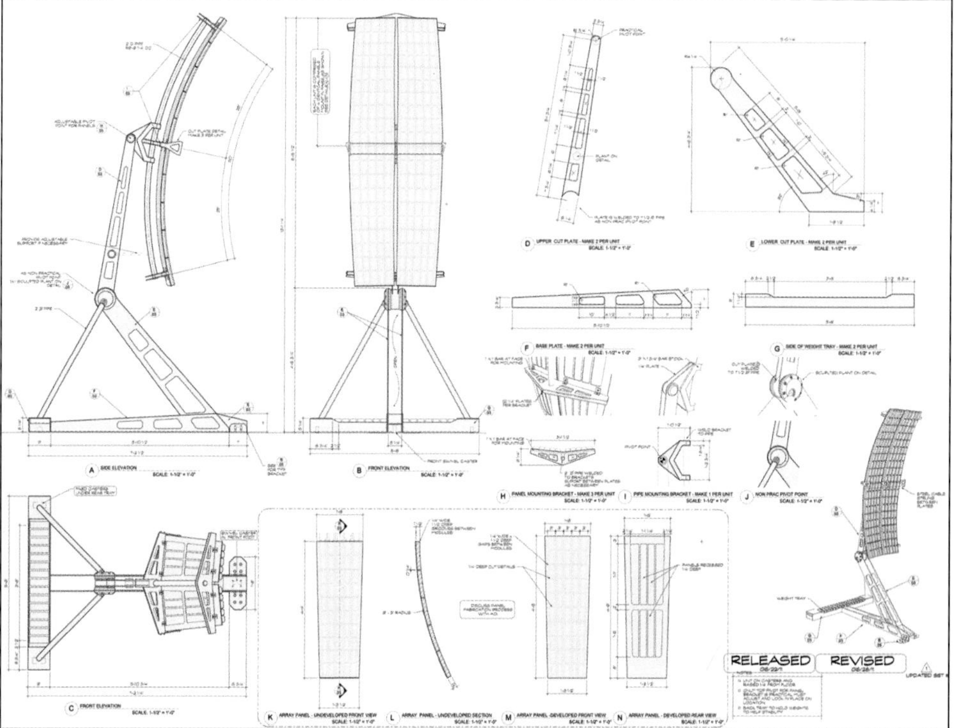

소품 담당자 드루 페트로타가 이끄는 팀은 테서랙트의 휴대 수단을 서류 가방 모양으로 디자인했다. 이 가방은 〈토르: 천둥의 신〉의 쿠키 영상과 어벤져스의 다양한 장면들에서 등장하며, 테서랙트에 깃든 에너지가 가방의 내부 구조를 따라 흐르는 모습을 보여준다.

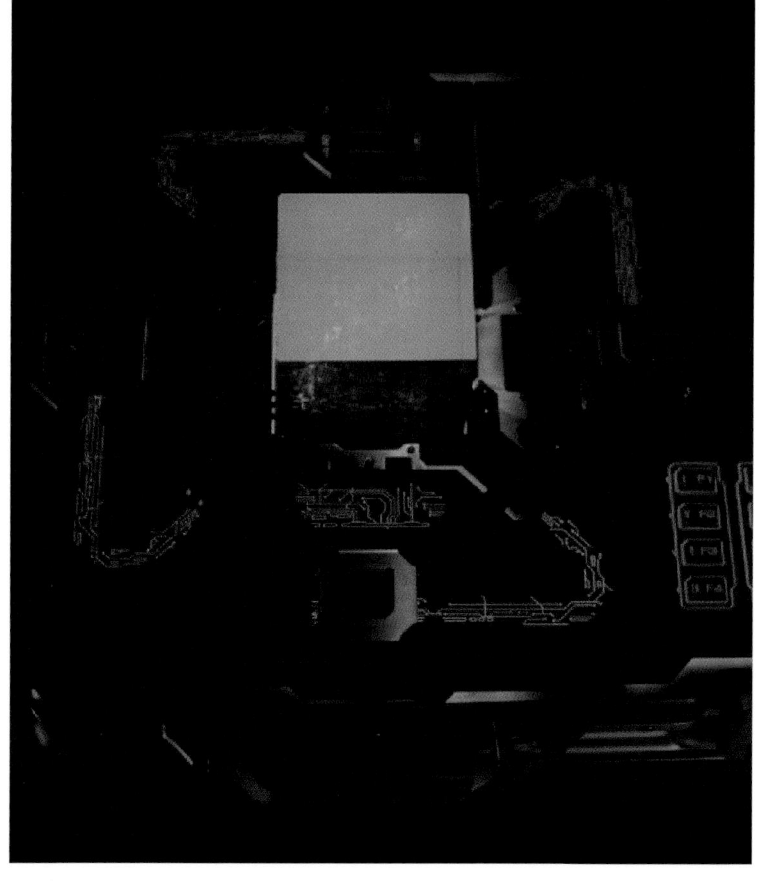

◀ 촬영 스틸샷 ▲ 위 촬영 스틸샷, 아래 사이먼 마블 스튜디오 ▶

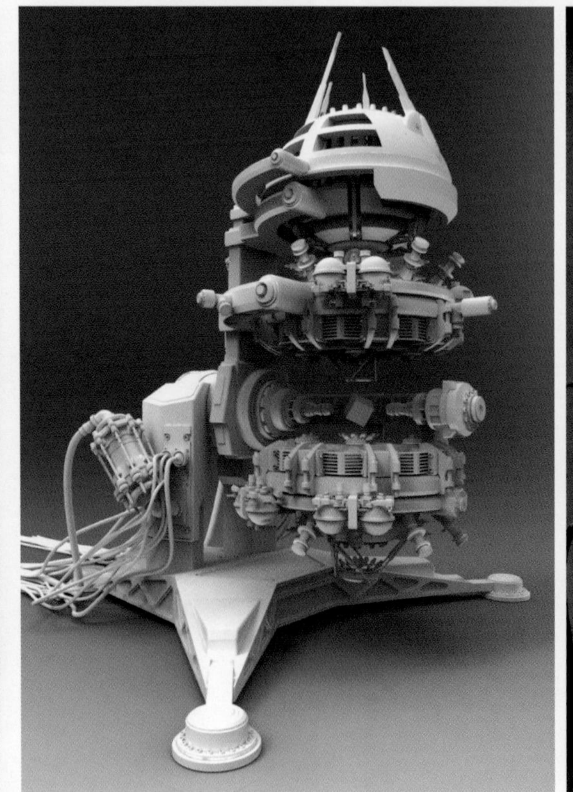

위 박, 아래 쿠니타케 ▲

위 촬영 스틸샷, 아래 쿠니타케 ▲

"어벤져스는 로키와 치타우리 군대를 물리친 후에 테서랙트를 보관할 용기가 필요했습니다." 시각 개발 감독 앤디 박은 말했다. "토르와 로키가 동시에 잡고 스위치를 켜거나 회전을 시키는 등 특정한 동작을 통해 아스가르드로 이동하게 될 소품 말이죠. 그래서 저는 계약의 궤(성경에서 모세의 십계명을 담았다는 상자) 같은 용기에 테서랙트를 넣은 다음 단단히 잠글 수 있는 다양한 콘셉트를 구상했습니다. 그런 콘셉트 후보들 중에는 SF 같은 느낌이 나는 것도 있었고 오래된 금고처럼 생긴 것도 있었지만, 양식은 모두 아스가르드풍으로 만들어냈습니다."

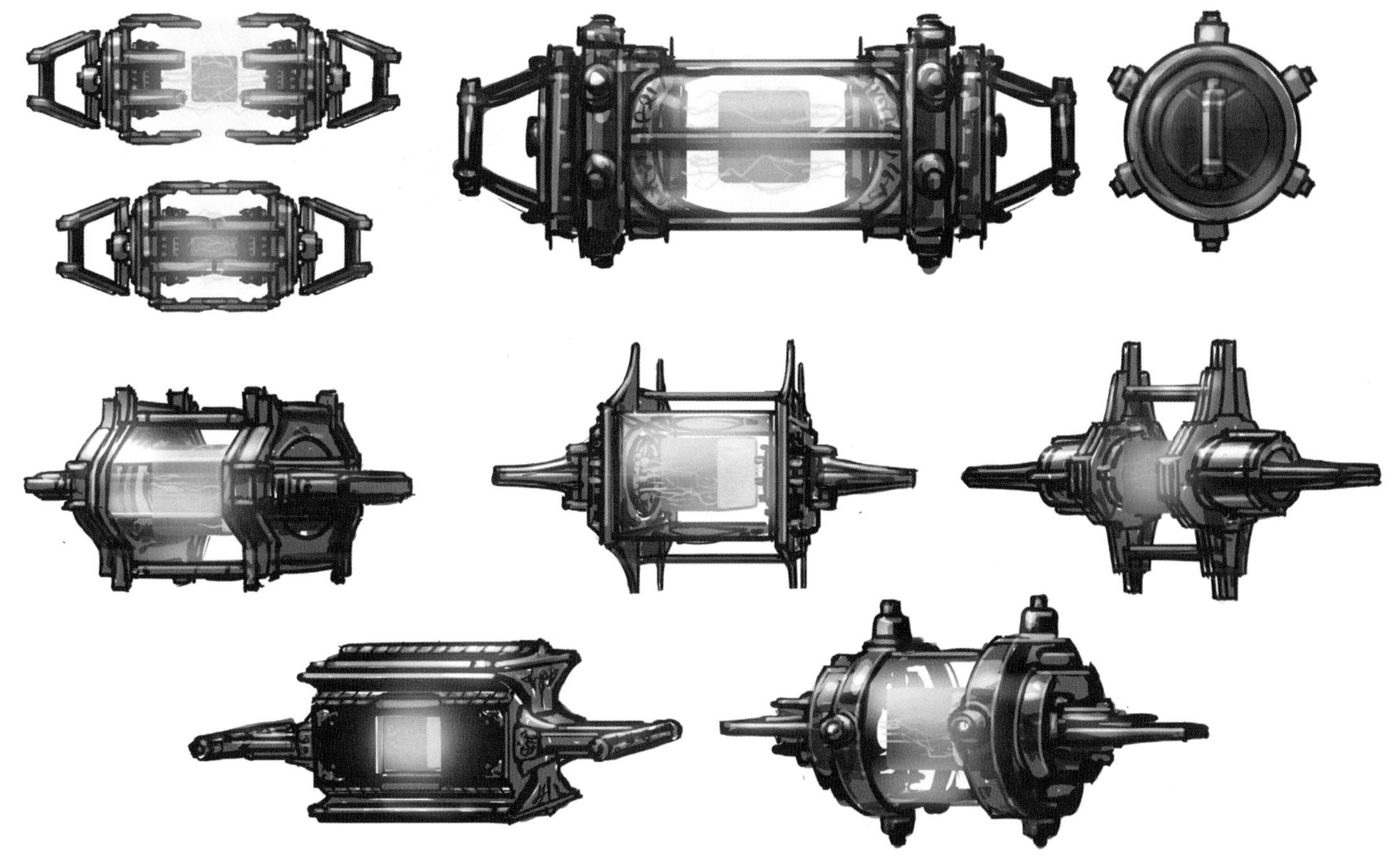

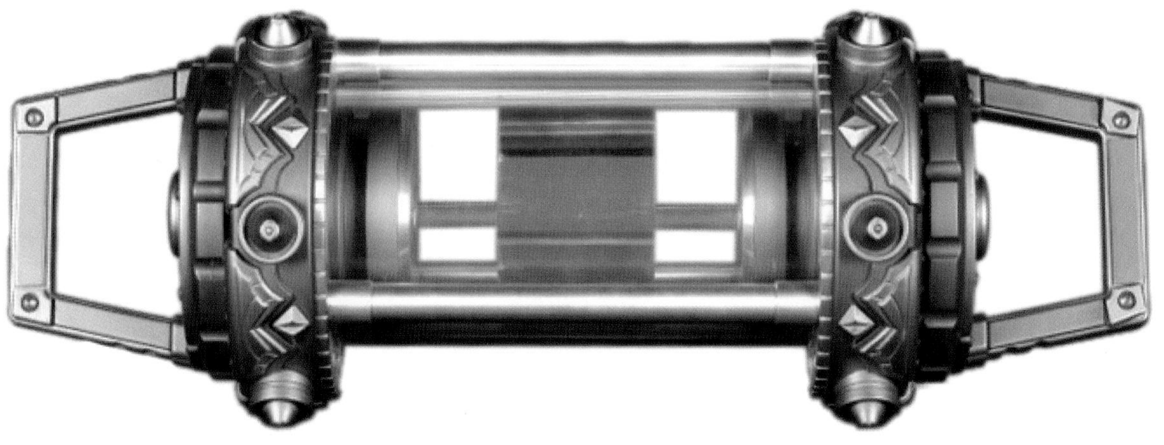

위 박, 중간 푸엔테벨라, 아래 촬영 스틸샷 ▸

로키의 뉴욕 공격을 지시한 흑막, 타노스는 테서랙트 속에 들어 있던 인피니티 스톤을 오랫동안 뒤쫓고 있었다. 그는 마침내 〈어벤져스: 인피니티 워〉의 오프닝 장면에서 이 스톤을 손에 넣는다. "이 장면은 타노스가 〈어벤져스: 에이지 오브 울트론〉의 마지막 장면에서 했던 말을 그대로 상징한다고 생각합니다." 선임 콘셉트 일러스트레이터 잭슨 제는 말했다. "'내가 직접 나서야겠군'이라고 했었죠. 제 생각에 이 장면은 타노스가 울트론과 로키 같은 부하들에게 기대지 않고 자신이 직접 나서겠다는 결심의 정점을 보여주는 것 같습니다."

타노스는 스톤을 하나하나 모아가면서 점점 더 결의를 굳혀나간다. "그는 굳이 모두를 죽일 필요가 없다는 걸 압니다." 메이너딩은 말했다. "사람들을 학살할 필요가 없다는 걸 알죠. 자신의 목표를 성취하기 위해서는 스톤만 다 모으면 됩니다. 그런 마음가짐으로 인해 타노스는 조금 더 균형을 잡을 수 있었고, 상대를 충분히 죽일 수 있음에도 불필요한 학살을 자제합니다. 그는 피에 굶주린 살인마가 아닙니다. 더 이상 과거의 모습이 아닌 셈이죠."

촬영 스틸샷 ▲ 위 제, 아래 슈릴 ▶

MIND 마인드

LOKI'S SCEPTER 로키의 창

마인드 스톤은 타인을 조종할 수 있는 능력을 가졌다. 원래 타노스의 수하 아더가 로키에게 준 창에 들어 있던 이 노란색 스톤은 비전에게 생명을 부여하는데 매우 중요한 역할을 수행한다.

창의 디자인과 주인의 위엄 어린 풍모를 잘 조화시킨다는 과제는 정말 중요했다. "저는 로키와 캡틴 아메리카가 서로 대립하는 장면의 키프레임 디자인을 맡았습니다." 선임 콘셉트 일러스트레이터 로드니 푸엔테벨라는 말했다. "이 창을 찰리 웬이 만들어낸 로키의 디자인과 잘 조화되도록 디자인하고 싶었거든요. 로키의 창은 로키가 쓴 뿔관을 연상시킵니다. 우리는 어딘가 비대칭형이면서 독특한 외형을 만들고 싶었습니다. 살짝 위험하면서도 여전히 우아한, 그런 느낌 말이죠."

"로키의 창은 창, 봉과 걸을 때 짚는 지팡이 등 총 세 가지의 용도를 보여줍니다. 세 가지 용도로의 전환이 모두 우아하게 느껴지길 바랐습니다. 그래서 로키가 창을 사용할 때마다, 혹은 로키가 창을 들고 나오는 장면마다 주인의 성격과 외모에 잘 어울리도록 말이죠."

이전 페이지 스타씁 ■ 위 박, 아래 촬영 스틸샷 ▲ 최종 제작 소품 ▶

▲위 박 ▲푸엔테벨라

▲촬영 스틸샷

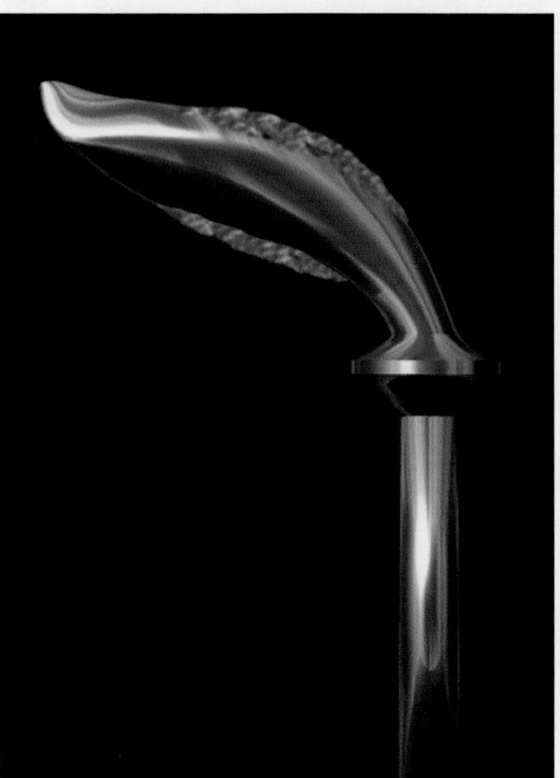

위 웬, 아래 레이시 ▲ 웬 ▶

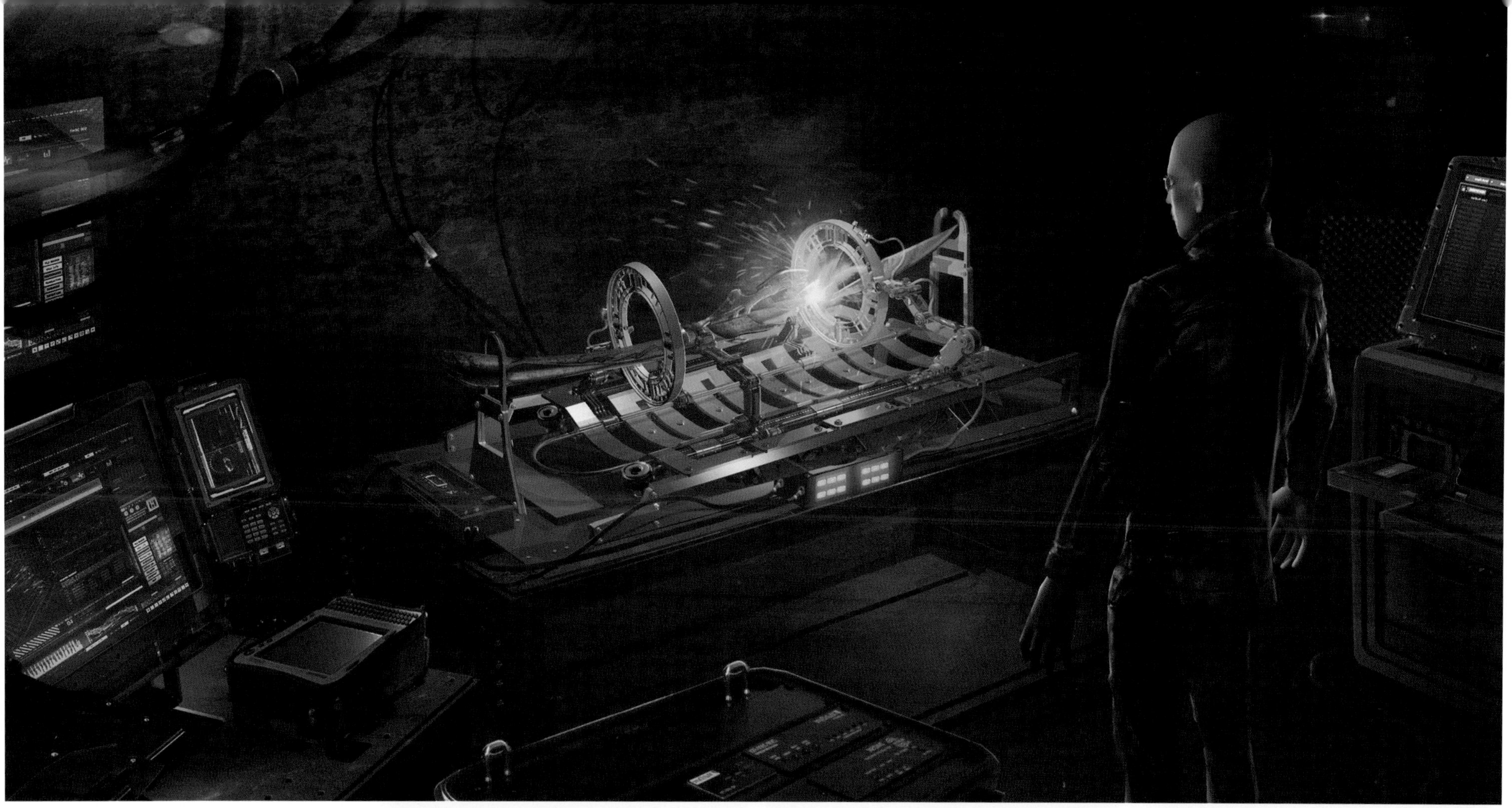

로키가 지구에서의 임무에 실패하자 쉴드는 뉴욕 전투가 끝난 후 창을 직접 소유하게 된다. 하지만 쉴드에 비밀스럽게 침투해 있던 요원들의 암약으로 인해 로키의 창은 곧 히드라의 도구가 된다. 이 악의 조직은 창을 갖고 각종 실험을 벌이면서 창에 얽힌 비밀을 풀고 자신들의 대의를 실현하려 한다.

▲ 에인즈워스

▲ 촬영 스틸샷

히드라는 로키의 창을 갖고 실험을 하면서 소코비아 쌍둥이인 완다와 피에트로 막시모프를 강화시켜 두 사람에게 놀라운 초능력을 부여한다. 완다는 염력, 정신 조작과 신경 전자 접속 능력을 얻었고, 피에트로는 초인적인 속도를 낼 수 있는 능력을 얻는다.

▲ 박

▲ 메이너딩

▲ 박

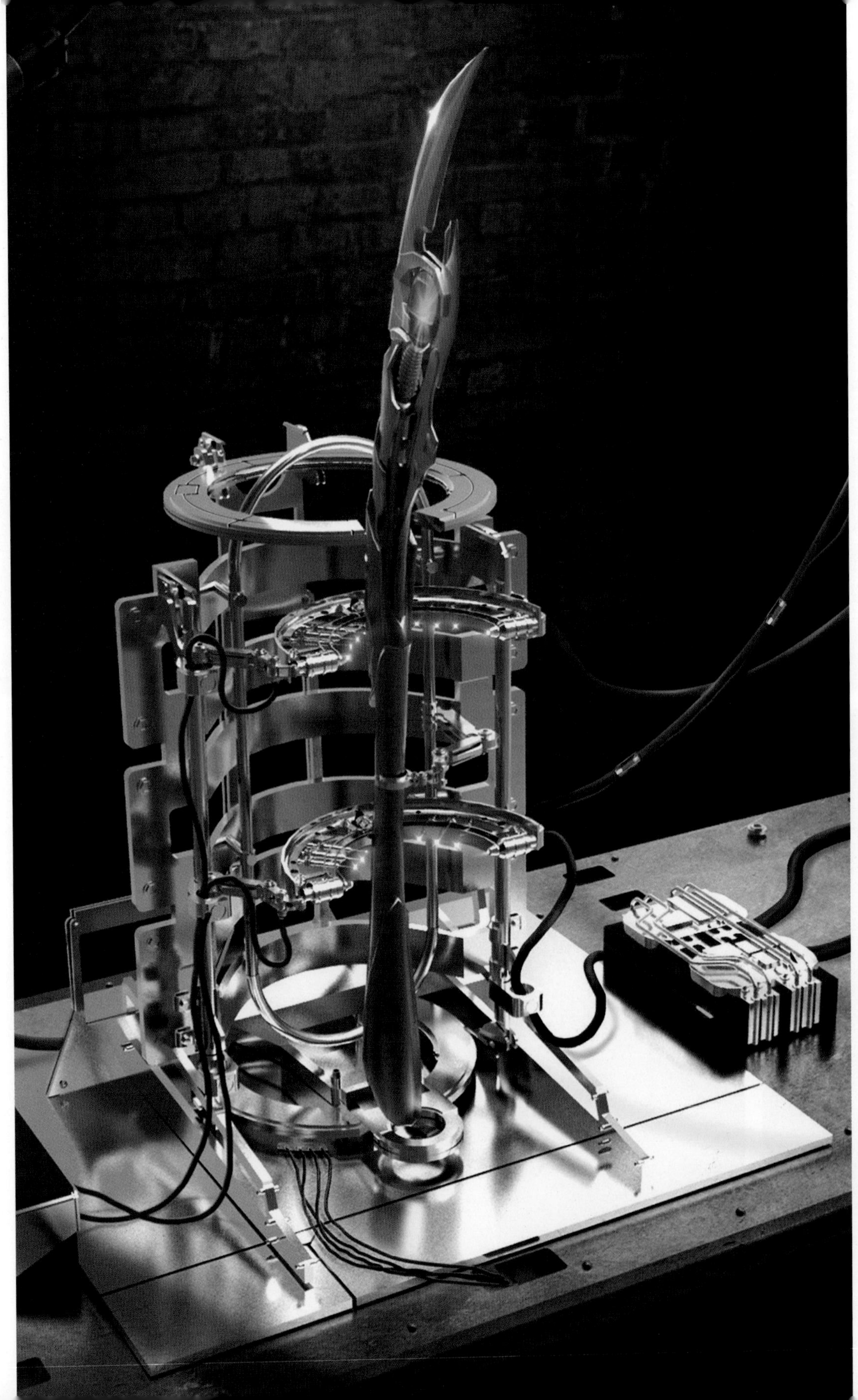

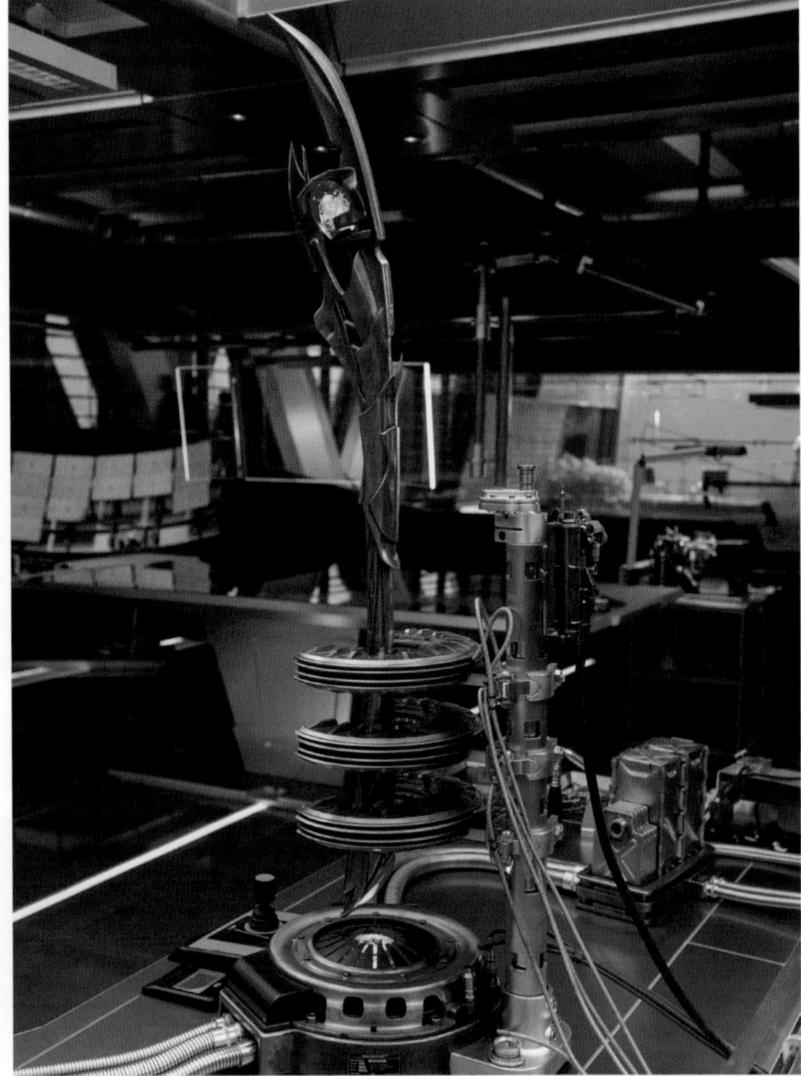

어벤져스는 로키의 창을 되찾기 위해 소코비아에 위치한 히드라 기지를 공격한다. 토니 스타크는 창을 성공적으로 확보하고, 이 창을 더 자세히 연구하기 위해 뉴욕시의 어벤져스 타워로 가져온다. "어벤져스 타워는 복합적인 건물입니다." 제작 디자이너 찰스 우드는 말했다. "어벤져스가 한데 모이거나 훈련을 하는 등 각종 활동이 이루어지는 생활 공간을 볼 수 있죠. 이 세트는 실제로 런던에 실물이 건설되기도 했으며, 전반적으로 한 장소에서 다른 장소로 그냥 걸어서 이동할 수 있어야 한다는 콘셉트로 구성되었습니다. 주거 공간에서 연구실로 갔다가 밀실로 갔다가 훈련장으로 가는 등, 모든 공간이 서로 연결되어 있습니다. 또한 이제 군수 기업을 탈피한 스타크 인더스트리의 기술로 제작된 토니의 장비들도 많이 구비되어 있습니다. 여기에 토니가 신재생 에너지원을 설치한 것처럼 생명 공학이나 환경과 관련된 연출을 많이 가미했습니다. 환경 친화적 설계 분야에서도 선구자라는 토니의 일면을 드러내는 동시에 그의 자선가적인 성격을 좀 더 보여주는 것이죠."

◂ 에인즈워스

최종 제작 소품 ▴

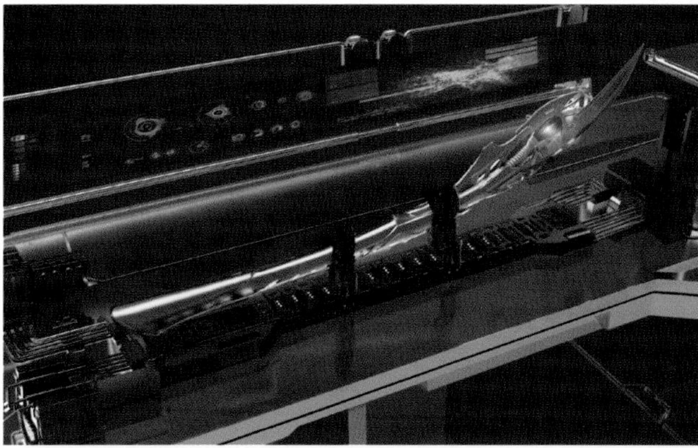

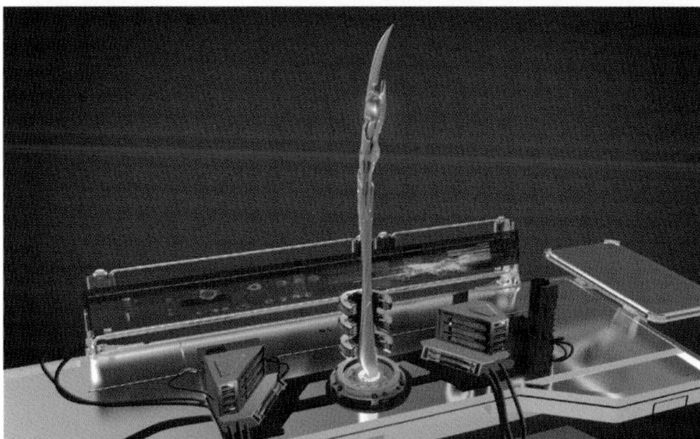

▲ 왼쪽 위 로즈원, 오른쪽 위 카스트로 ▲ 촬영 스틸샷

웬▲

웬▲

박▲ 위 박▲

〈어벤져스: 에이지 오브 울트론〉의 제작 초기 과정에서는 울트론이 마인드 스톤을 얻는 과정에서 상당한 고난을 겪을 예정이었다. "울트론 보조 개체들은 울트론 프라임의 명령을 받고 로키의 창을 가지러 갑니다." 앤디 박은 말했다. "그리고 창 안에 보관된 마인드 스톤을 꺼내려다가 모조리 폭발해버립니다. 단 하나의 개체만 살아남게 되죠."

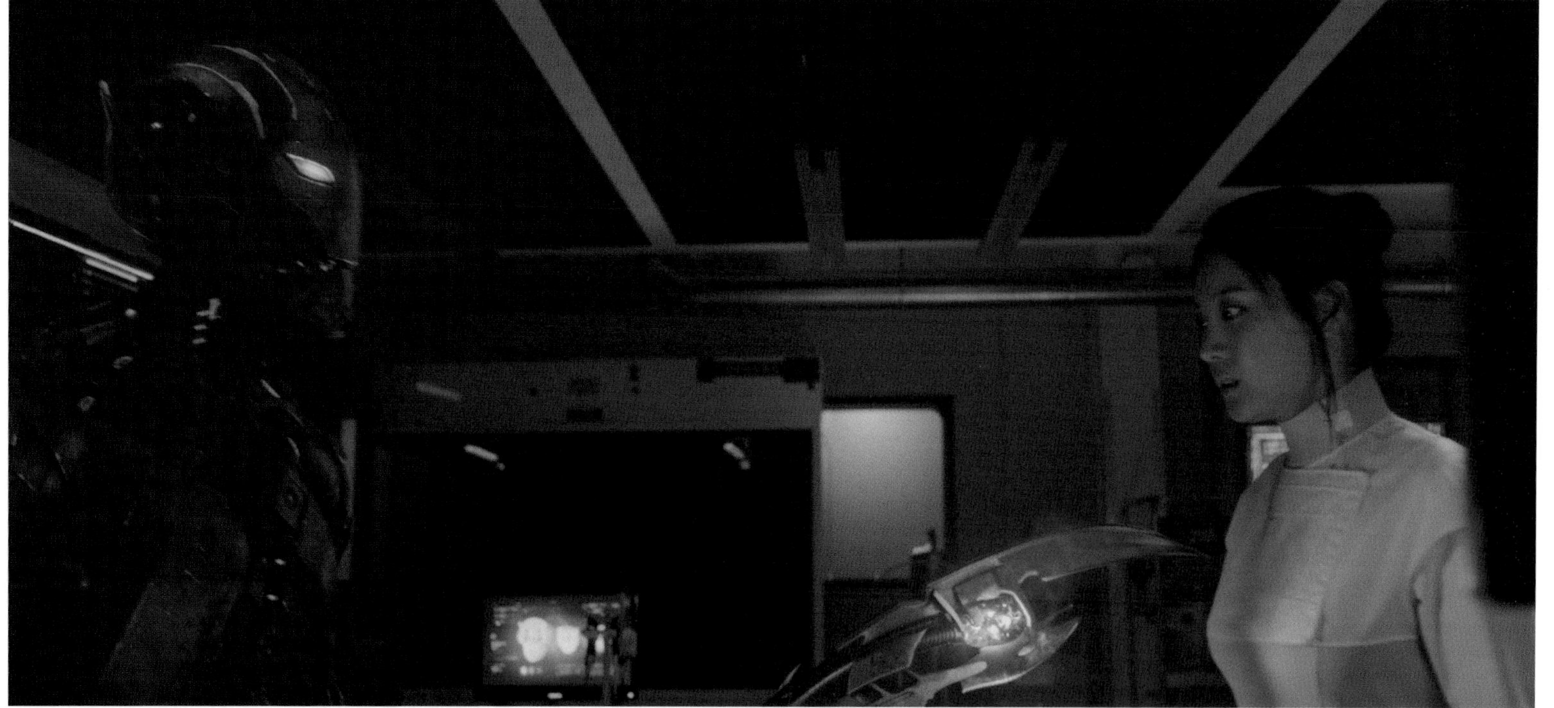

▲ 위 박

▲ 촬영 스틸샷

위 푸엔테벨라 ▲
아래 박

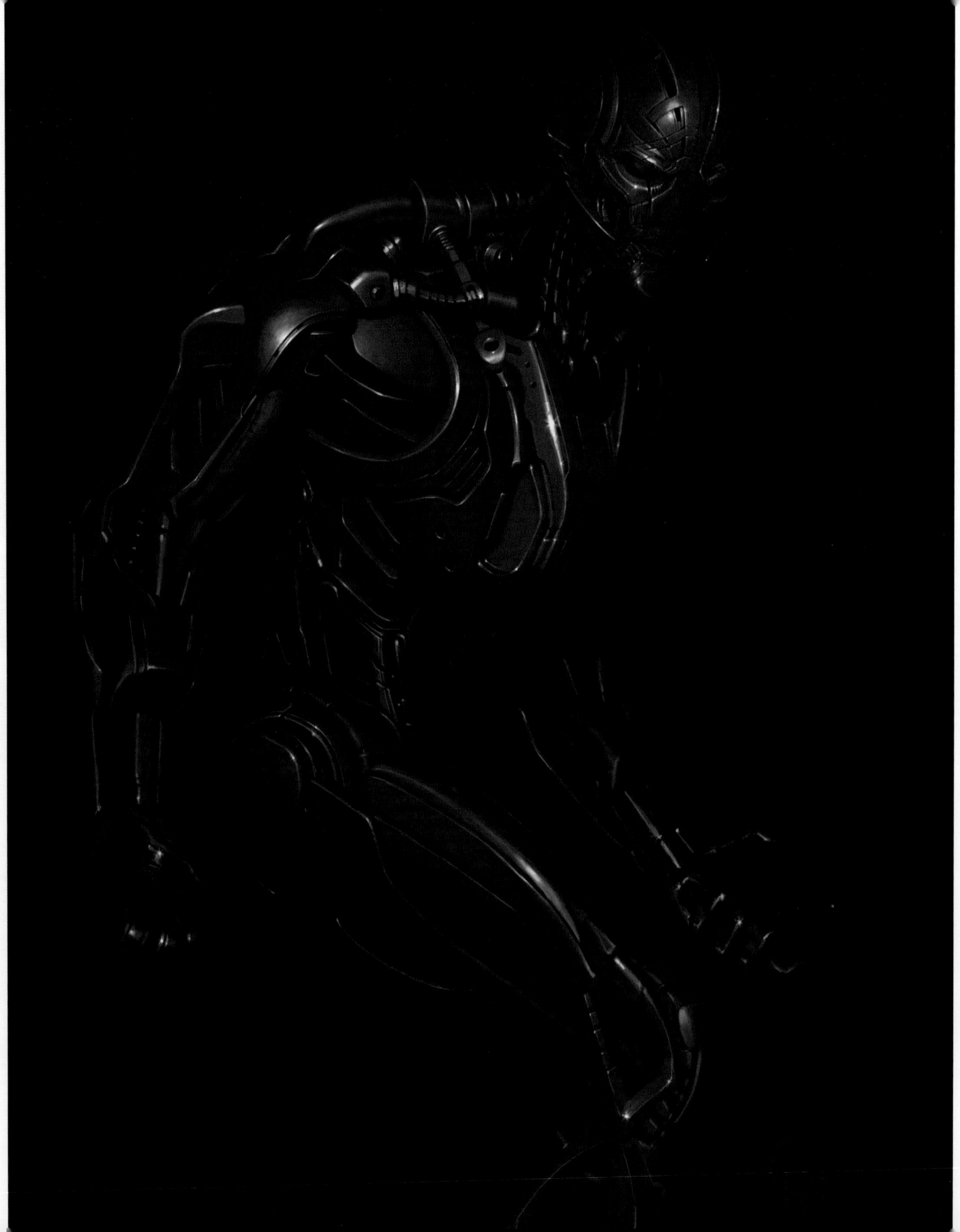

◂ 웬 ▴ 손더스

메이너딩 ▸

비전의 디자인 과정에서 가장 어려웠던 과제 중 하나는 마인드 스톤의 결합이었다. "처음에는 파란색 스톤으로 시작했습니다. 로키의 창에 박힌 보석이 파란색이었으니까요." 라이언 메이너딩은 말했다. "처음에 우린 이 스톤을 비전의 머리에 박아넣을 방법을 고민했습니다. 스톤은 컸습니다. 달걀보다 좀 더 크죠. 그만한 크기의 물체를 이마에 박아넣고도 뭔가 괴상하다거나 나약해 보인다는 인상을 주지 않을 방법을 찾으려 했습니다. 스톤이 그 안에 들어 있었다는 것으로 결정이 나면서 색깔도 바뀌고 크기도 훨씬 작아진다는 등의 변경이 이루어지자, 작업이 훨씬 더 쉬워졌습니다."

"비전은 위로 솟은 눈썹 같은 선이 얼굴에 많이 그어져 있으며, 이 선은 두 가지의 역할을 합니다. 비전이 좀 더 공감 능력을 가졌다는 인상을 심어주면서 동시에 이마에 박힌 스톤으로 관객의 시선을 끌죠. 또 다른 선들이 이 스톤을 감싸고 있습니다. 그러니 비전의 디자인 대부분은 이 인피니티 스톤이 굉장히 중요하다는 인상을 주는 동시에 비전의 감정선을 만들어내는 쪽에도 중점을 두었으며, 이를 통해 비전은 다채로운 색상의 얼굴임에도 상당한 호감과 공감을 이끌어내는 인물이 되었습니다."

푸엔테벨라 ▲

푸엔테벨라 ▲ 왼쪽 위와 중간 메이너딩 ▲

박 ▲ 메이너딩 ▸

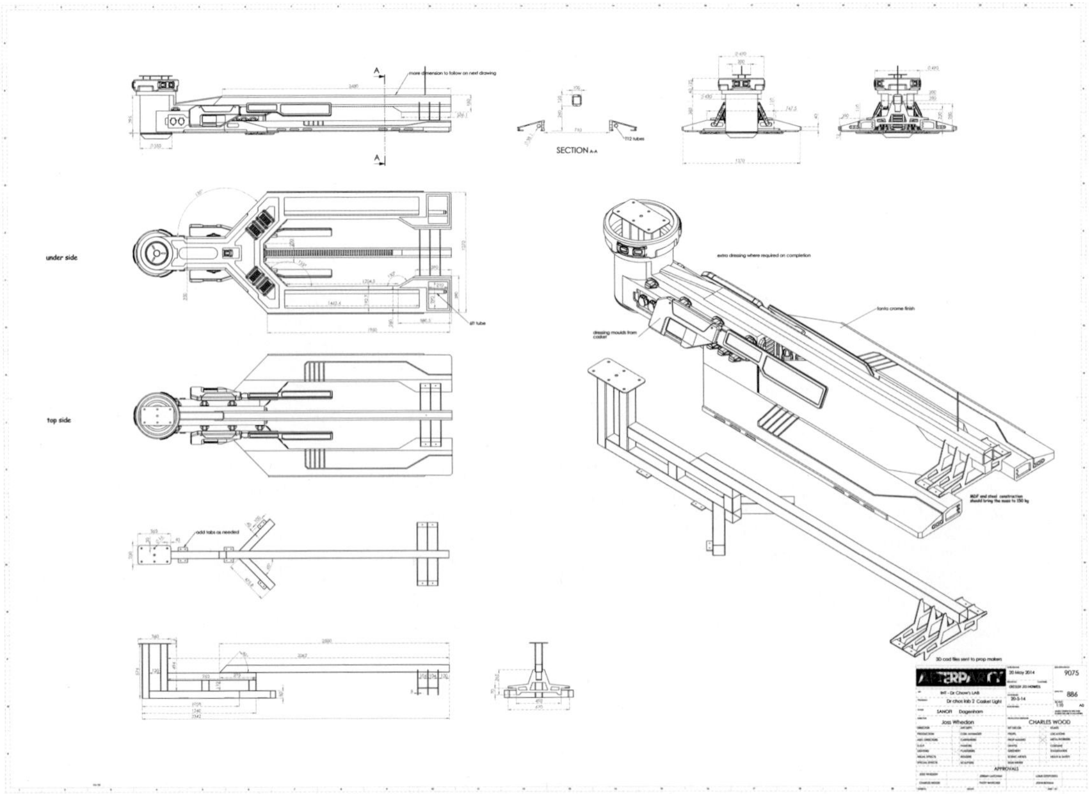

under side

top side

SECTION A-A

SECTION A-A

2 caskets are required

1 fully working, with screens,lights, opening doors and wheels. self contained power supply. (possible moving shots when not in Lab)

2 light weight with lights in windows and trans light screens. No wheels or opening doors. self contained power supply.

More construction detail to follow

AFTERPARTY	18 December 2013	9079
9079 Casket prop		
AP-casket V3-Assem	16-12-13	
Joss Whedon	CHARLES WOOD	

APPROVALS

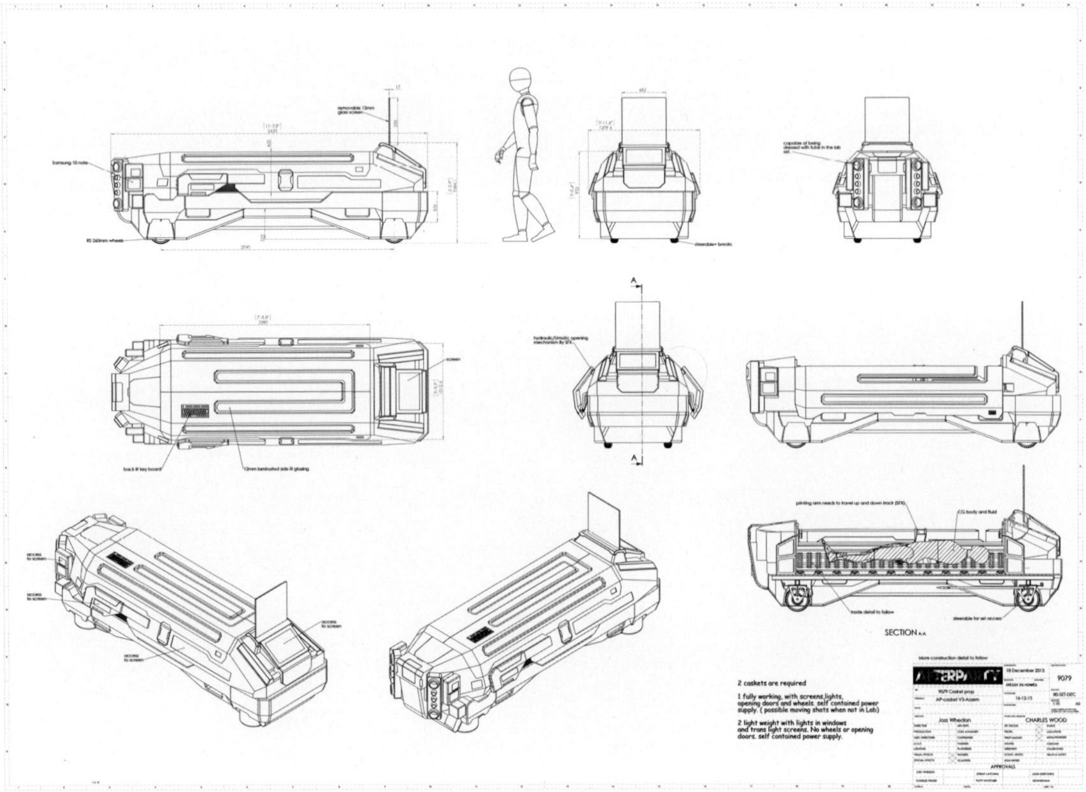

하우스 ▲

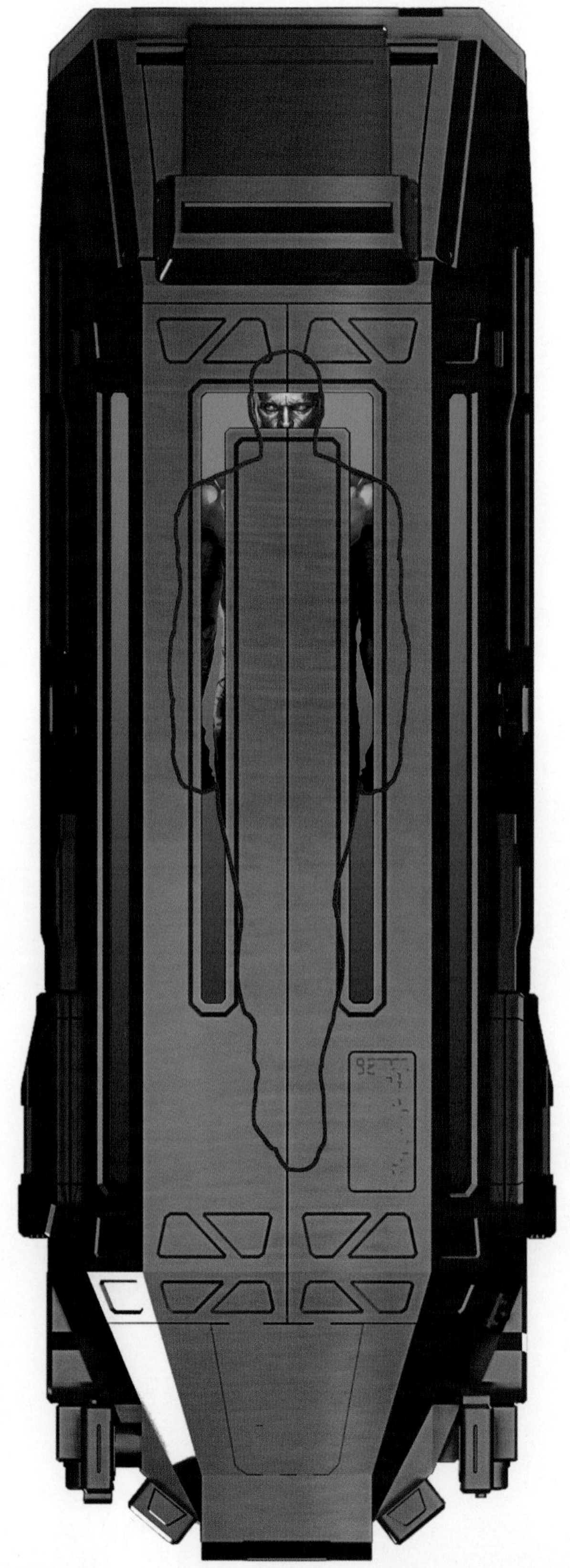

게틀링 ▲

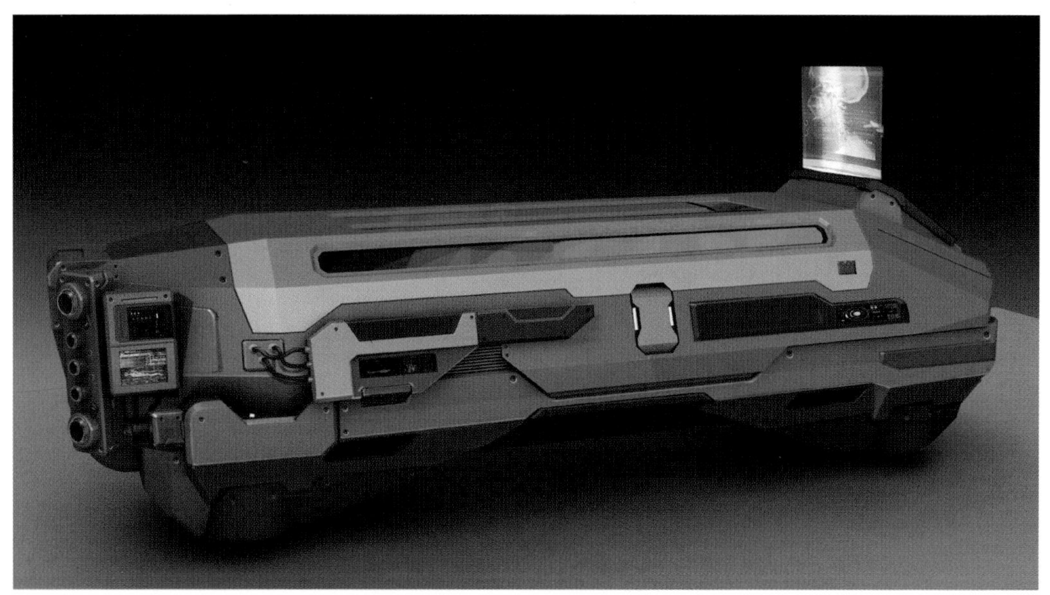

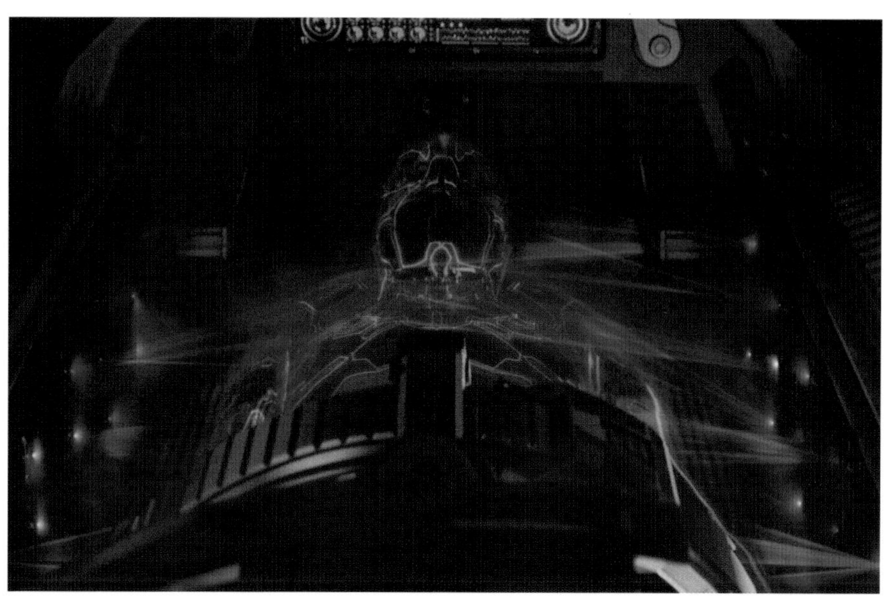

울트론은 완벽을 향해 끊임없이 진화하는 과정에서 마인드 스톤으로 움직이는 인공 육체를 만들어 자신의 의식을 업로드하려 한다. "(재생 크레이들은) 육체의 생존과 성장을 유지하면서 동시에 안전하게 지키는 이동 수단의 역할을 합니다." 찰스 우드는 재생 크레이들에 대해 설명하며 말했다. "이런 '이동 수단'이라는 아이디어는 영화의 전개상 트럭 뒤에 실린 채 서울 시내를 달린다는 극중 상황에 맞춰서 구상된 것이며, 애초에 재생 크레이들 자체가 기동형 생명 보조 장치이기도 했기에 실현할 수 있었습니다. 또한 어벤져스 타워 장면에서는 관객들에게 비전을 처음으로 공개하는 수단이기도 했죠. 아직은 유리 너머로 희미한 모습만 비쳤지만 말입니다. 비좁은 유리 틈을 통해 뭔가 보이기는 하지만 제대로 공개되기 전까지는 그게 뭔지 알 수 없습니다. 하지만 안에 뭔가가 있다는 것만은 알 수 있죠. 관객의 기대감을 돋구는 장치가 만들어진 셈입니다."

▲ 왼쪽 위 **캐틀링**, 오른쪽 위 **촬영 스틸샷** ▲ **촬영 스틸샷**

“울트론이 정말 그 육체에 의식을 업로드했다면 아마 비전의 디자인이 잘 먹히지 않았을 겁니다.” 메이너딩은 말했다. “울트론의 광기 어린 정신은 울트론의 현재 디자인과 너무나 잘 어울릴뿐더러, 비전은 원작 만화에서도 언제나 헌신적이고 공감이 넘치는데다 모두가 자신을 적대하는 상황에서도 꿋꿋이 버텨내는 모습을 보여주죠. 그런 모습에서 울트론의 성격을 읽어내기는 어려웠을 겁니다.”

촬영 스틸샷 ▲

웬 ▲ 위 메이너딩 ▲ 위 박, 아래 촬영 스틸샷 ▸

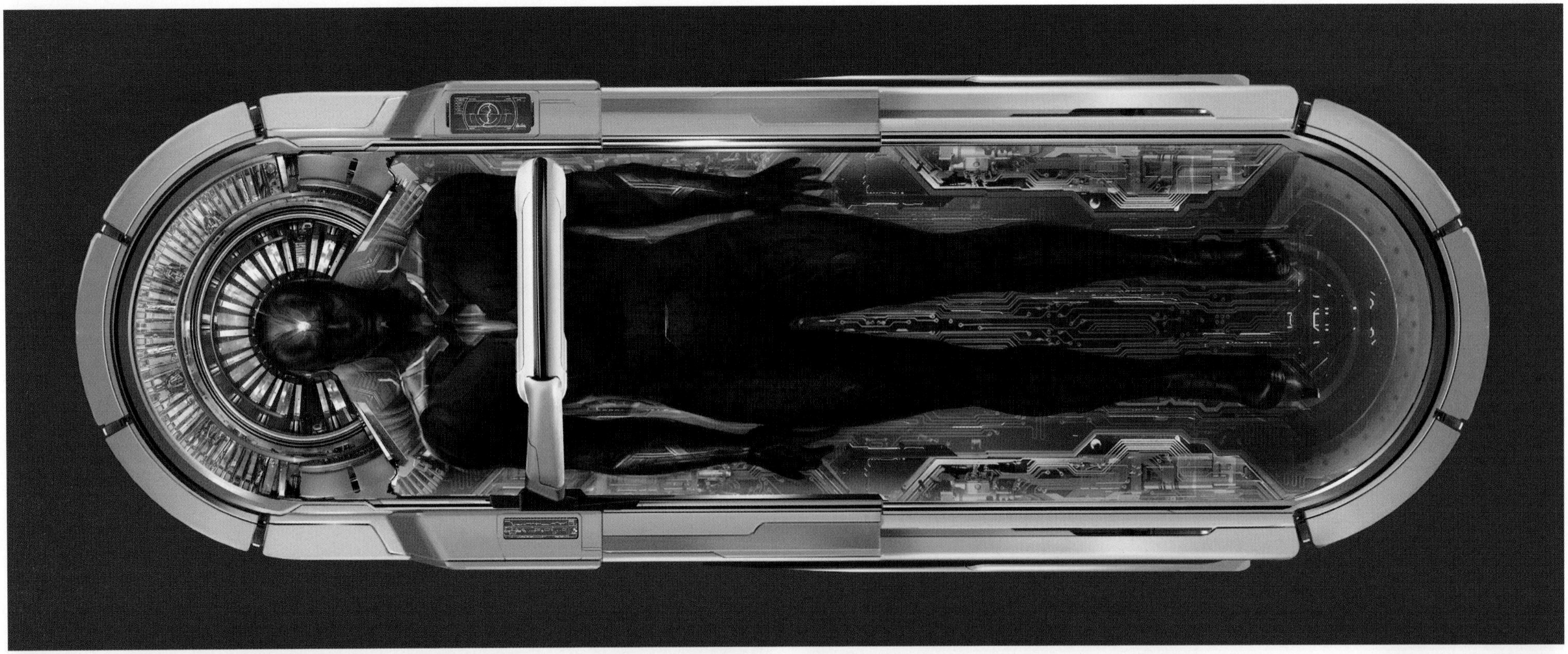

블랙 팬서의 천재 여동생 슈리는 타노스가 마인드 스톤을 가지러 온다는 걸 알고, 비전의 생명을 보존하면서 마인드 스톤을 떼어낼 방법을 제시한다. "이건 비전을 눕힐 수 있는 테이블입니다." 우드는 슈리의 작업대를 가리켜 말했다. "굳이 비전을 밀폐된 곳에 가두거나 할 이유가 없었죠. 비전의 머리를 감쌀 부분은 다양하게 디자인해보았는데, 모든 디자인이 금속성의 부품들로 이루어져 있었습니다. 꼭 비전에게 머리 두건을 씌운 것 같은 느낌이었어요. 비전의 머리가 놓일 부분은 기본적으로 아프리카 양식의 보석 공예품을 바탕으로 디자인했습니다."

촬영 스틸샷 ▲

위와 오른쪽 아래 **톰프슨** ▲ 위 **스타웁**, 아래 **촬영 스틸샷** ▶

"스톤을 제거하는 방식도 다양하게 구상해보았습니다." 메이너딩은 말했다. "물론 스톤을 빼낼 수 있게 머리를 조금 파괴하는 방식도 고려했었습니다. 또 비전의 몸이 회색을 띠게 하면 원작에서 등장했던 비전의 다른 모습들과 겹쳐 보이지 않고 확실히 차별화할 수 있는 방법이 될 거라고 생각했죠. 원작 만화에서는 완전한 힘을 가진 비전이 생명을 얻고 하얀 몸을 하게 된 디자인도 존재합니다. 하지만 디자인팀은 결국 비전의 몸이 회색을 띠도록 결정했죠. 제 생각에도 비전의 몸을 완전한 무채색의 육신으로 만든 것은 '생명을 잃은 안드로이드'를 성공적으로 표현한 방식이라 봅니다."

위 스타웁 ▲ 촬영 스틸샷 ▲ 메이너딩 ▸

◀ 웹

촬영 스틸샷 ▲

REALITY 리얼리티

AETHER 에테르

에테르의 형태를 띤 리얼리티 스톤은 물질을 변형할 수 있는 힘을 가졌다. 다크 엘프들이 에테르를 남용하여 우주를 영원한 어둠 속에 빠뜨리는 걸 막기 위해, 토르의 조부이자 아스가르드인 보르는 이 에테르를 외딴 행성에 숨긴다.

▲ 촬영 스틸샷

▲ 오른쪽 위 파이어스

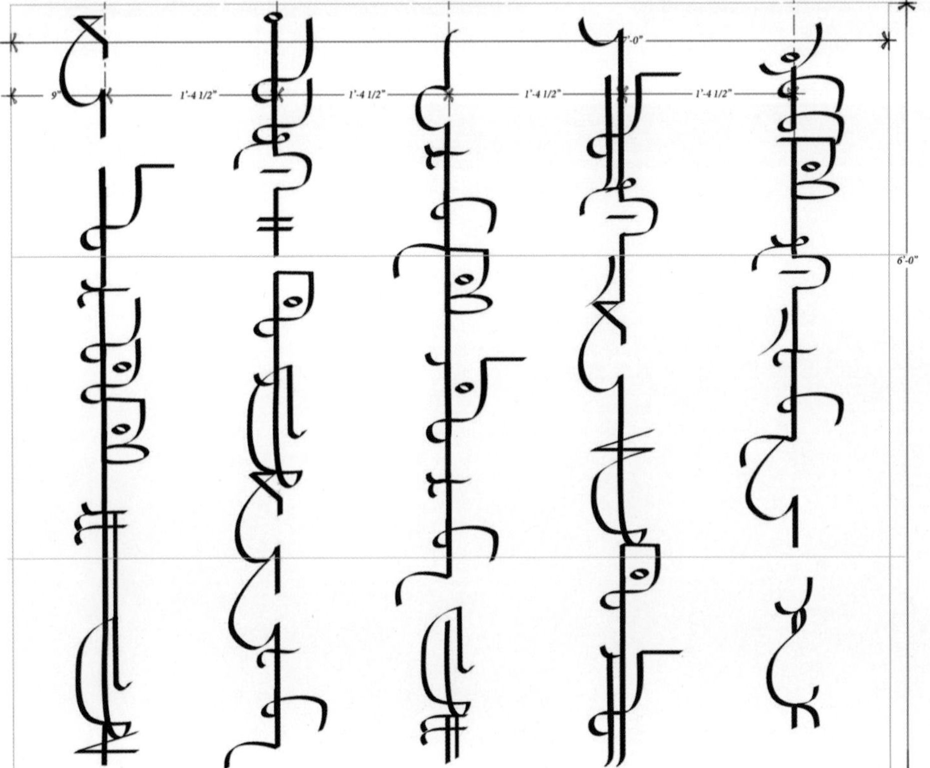

구디어 ▲

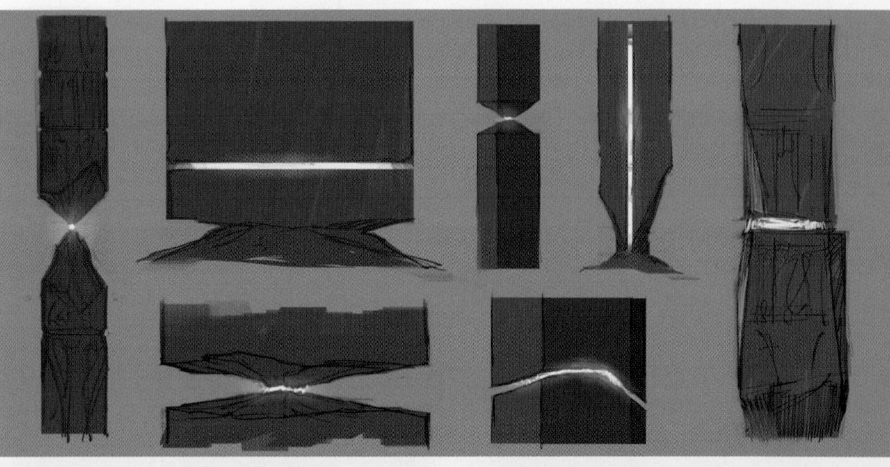

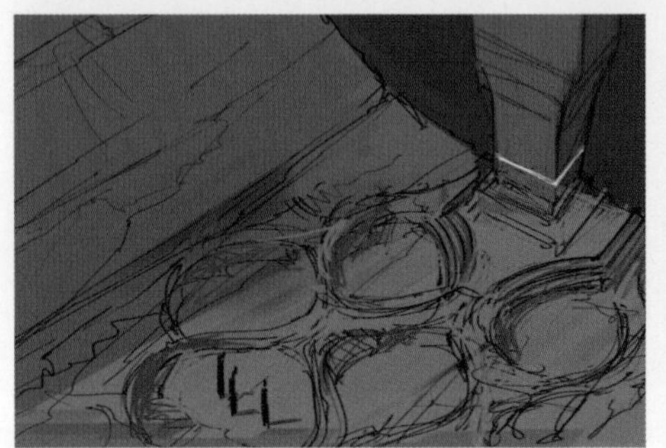

체서 ▲위 체서 ▲

"이 비석은 좀 더 허깨비에 가까운 형태로 만들려고 했었습니다." 찰스 우드는 에테르를 품고 있던 기이한 바위에 대해 설명했다. "그런 에너지가 숨겨져 있는 세계라면 훨씬 더 무시무시하고 추상적이며 믿을 수 없을 정도로 위험한 세계이어야죠. 이 세상의 태곳적, 원시적인 모습을 보여주는 일면이죠. 악몽 같은 꿈의 일부이기도 하고요. 이 비석은 우리가 생각해낼 수 있는 가장 단단한 재질, 마치 흑요석과 비슷한 재질로 이루어져 있습니다. 여기 잠들어 있는 거대한 위험에 비해 미약하기 짝이 없는 조명만이 이 비석을 비춘다는 점은 꽤나 상징하는 바가 큽니다."

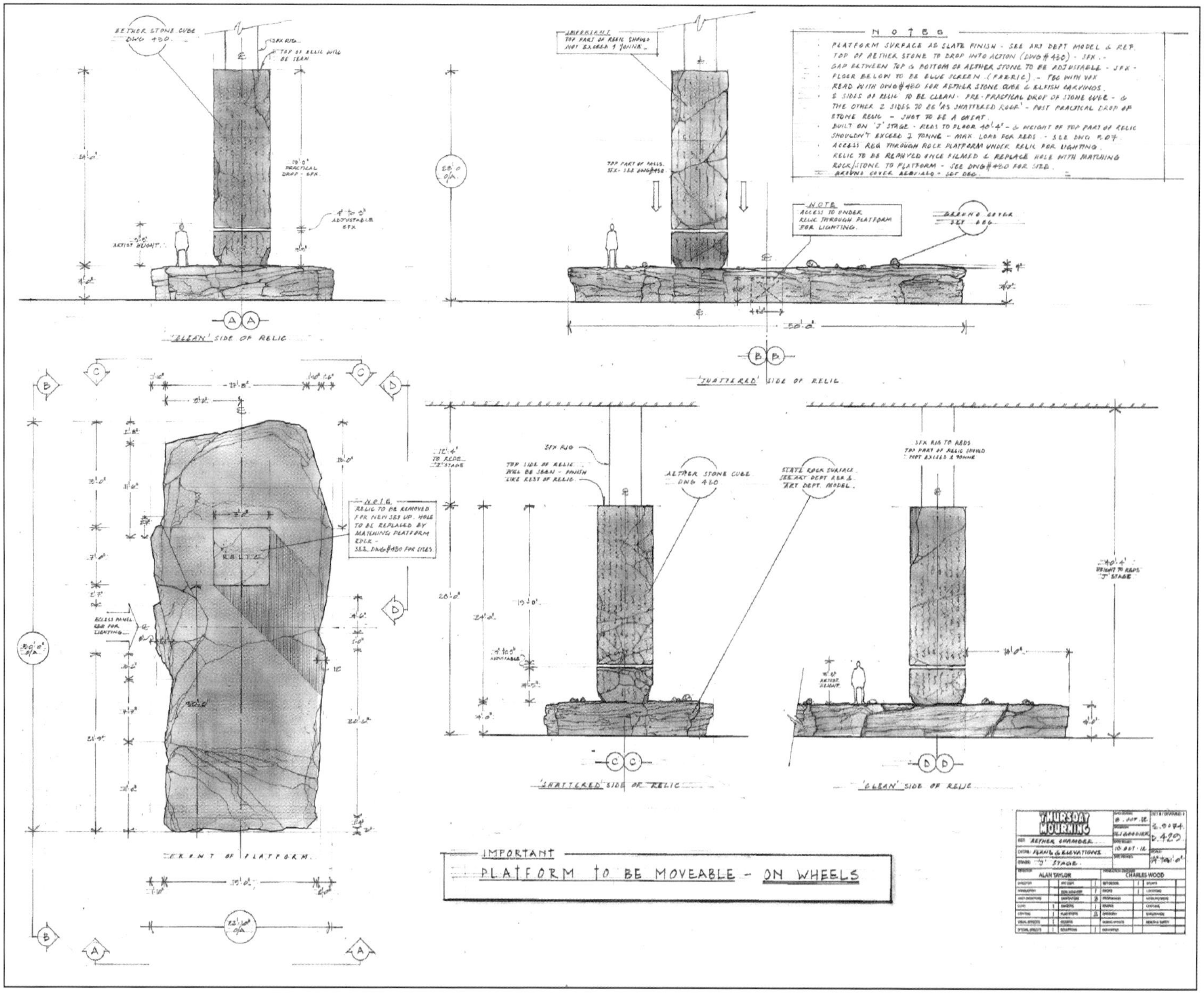

'CLEAN' SIDE OF RELIC

'SHATTERED' SIDE OF RELIC

FRONT OF PLATFORM

IMPORTANT
PLATFORM TO BE MOVEABLE - ON WHEELS

THURSDAY MOURNING

구디어 ▸

▲ 촬영 스틸샷

▲ 촬영 스틸샷

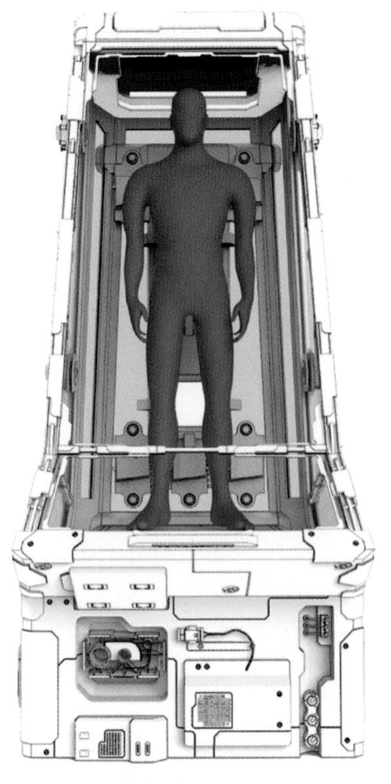

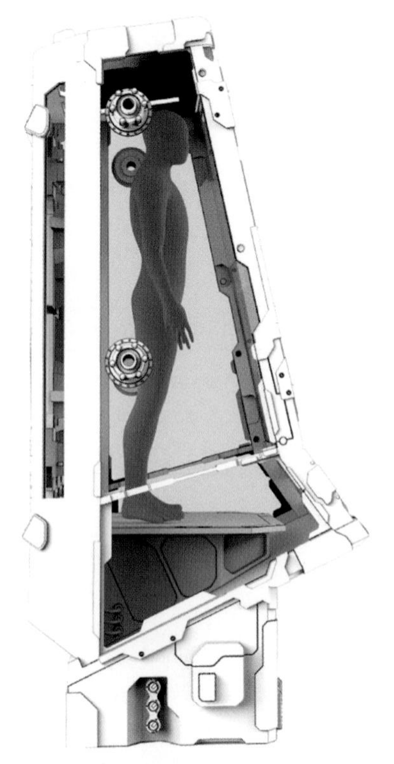

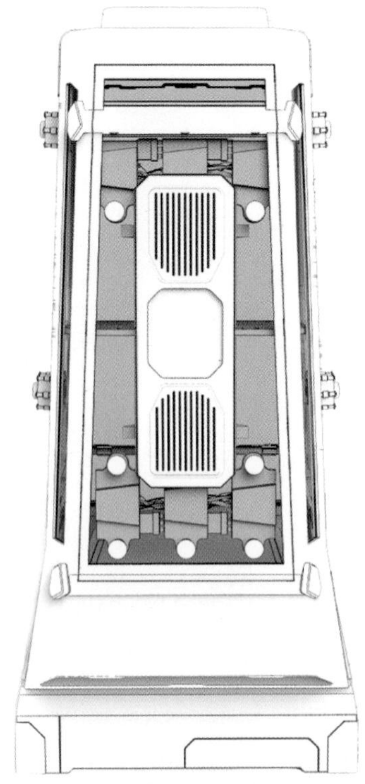

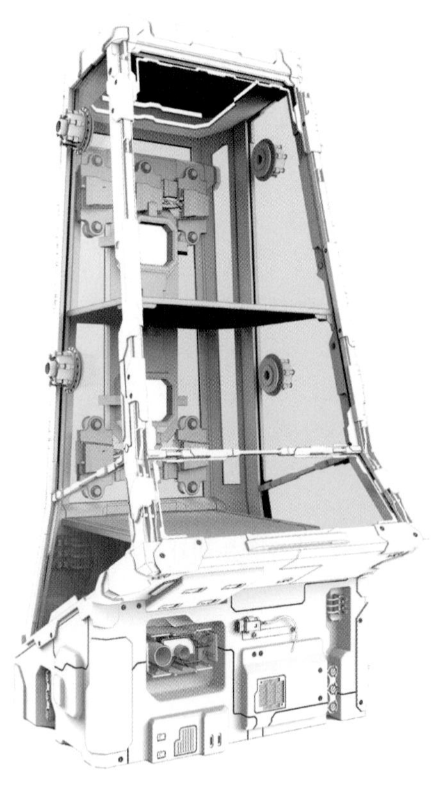

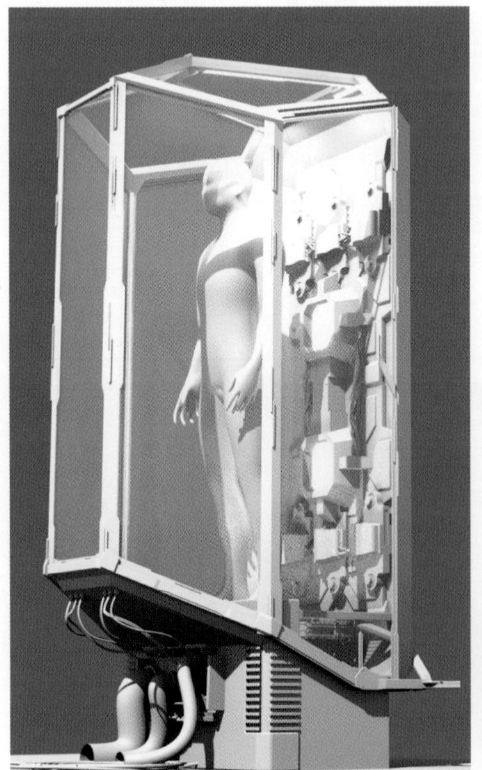

크로쇼 ▲

크로쇼 ▲

위 포그니어 ▲

아스가르드인 시프와 볼스타그는 에테르를 안전하게 보관하기 위해 타넬리어 티반, 일명 '콜렉터'가 노웨어에 소유한 금고에 이 물건을 맡긴다. 이제 리얼리티 스톤은 콜렉터가 우주 구석구석에서 긁어 모은 온갖 기이한 물건, 유물과 잡동사니의 수집품 중 하나가 된다.

"콜렉터의 수집품에서 가장 중요했던 건 바로 보관함이었습니다." 찰스 우드는 말했다. "관객들에게 콜렉터의 정신 나간 성격을 제대로 이해시키면서 그가 지금껏 모아온 온갖 야생 동식물들과 표본들도 볼 수 있는 디자인을 만들려 했습니다. 이렇게 고안해낸 시스템을 통해 카메라는 유리 보관함 안팎을 드나들거나 그 주위를 돌아다닐 수 있었죠. 움직이는 카메라에 콜렉터의 수집품들을 제대로 담아낼 수 있는 최적의 방법이었습니다. 각 보관함은 안에 보관된 수집품에게 생명 유지가 필요한지, 또 수집품이 얼마나 위험한지에 따라 다양한 디자인을 보여줍니다."

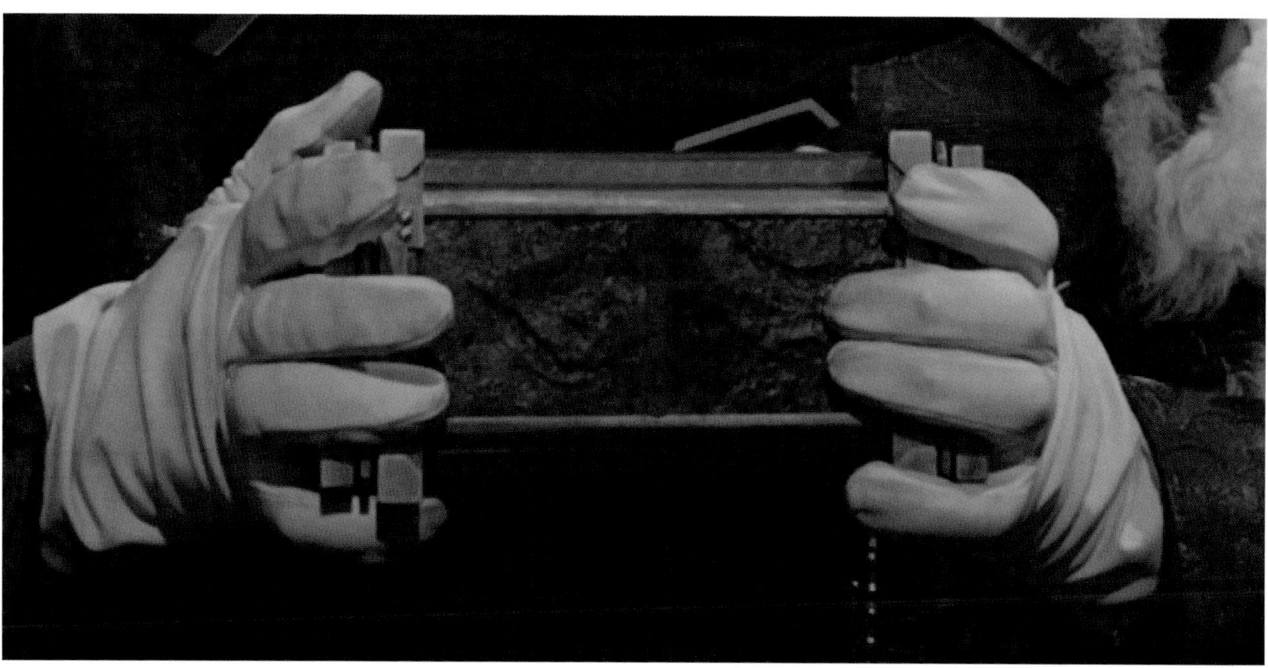

▲위 촬영 스틸샷 ▲톰프슨

◂ 톰프슨 ■ 촬영 스틸샷

POWER 파워

THE ORB 오브

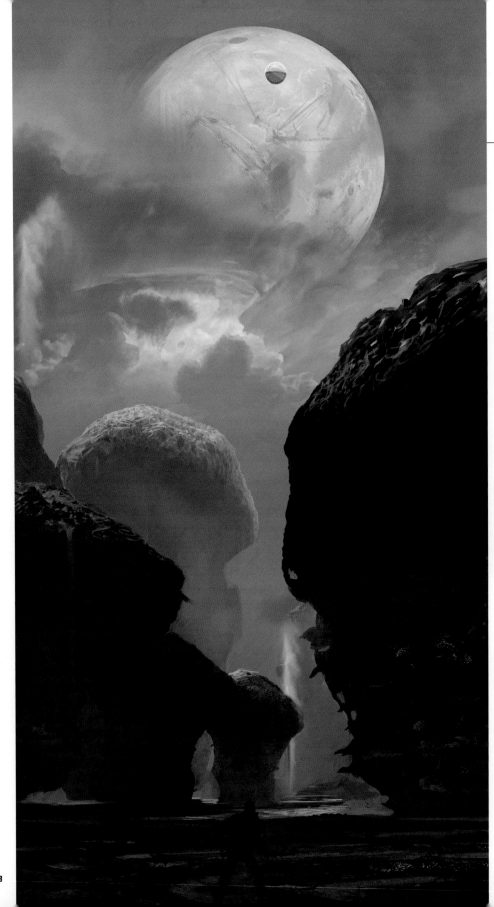

파워 스톤은 소유자에게 수많은 문명들을 파멸시킬 수 있는 능력을 준다. 한때 해양성 행성이자 오래전 멸망한 고대 문명의 고향 별이었던 '모라그'에서, 스타 로드는 이 보랏빛 보석의 정체가 뭔지도 모르고 파워 스톤을 손에 넣는다. "이곳은 꼭 물 없는 아틀란티스 같은 행성이죠." 찰스 우드는 말했다. "물이 오래전에 말라버리는 바람에 기이한 산호초 지대나 식물 군집 등으로 구성된 풍경이 그대로 드러나 보입니다. 그래서 꼭 통째로 화석이 된 것처럼 괴상하고, 단단하고, 몽환적이면서도 광대한 석회질의 풍경이 펼쳐집니다. 이런 배경의 구상에는 이집트의 백사막 풍경이 꽤 많은 영감을 주었습니다. 그곳 역시 과거에는 바다였기에 정말 아름다운 석회질의 구조물들이 남아 있거든요."

◂ 젱킨스

체셔 ▴ 위 체셔, 아래 젱킨스 ▸

JACKSON SZE '12

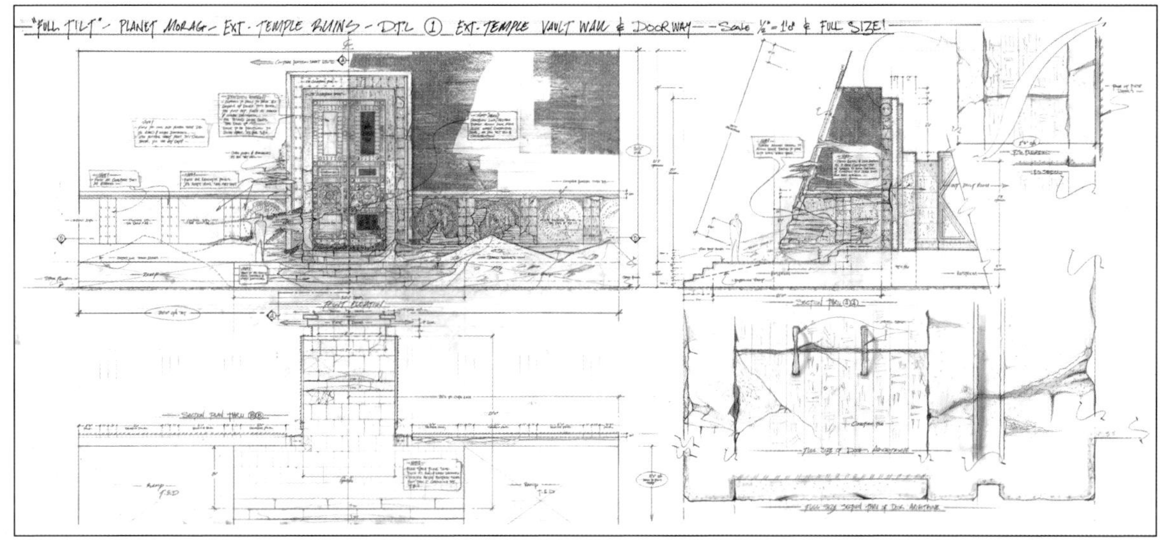

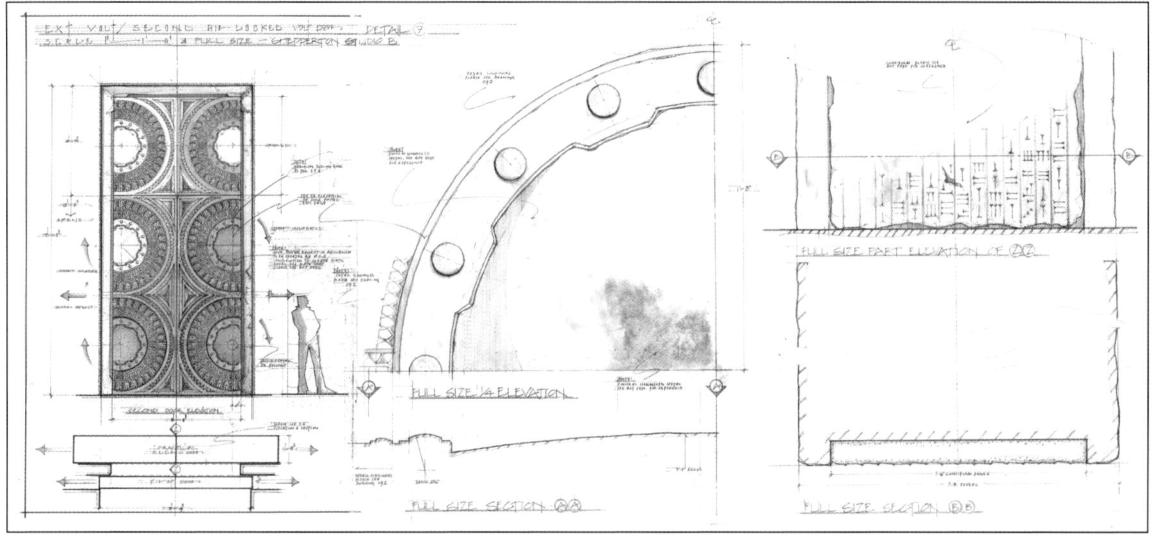

▲ 위 카슨, 아래 클러프

“신전의 내부 구조를 구상하는 과정에서는 중국, 인도차이나반도, 캄보디아, 인도 등 온갖 나라에 위치한 모든 종류의 영적 성지들을 모두 참고했습니다.” 우드는 말했다. “이런 거대한 규모의 아름다운 공간을 만들기 위해 영감을 얻으려 했죠. 아직 지구의 건물 같은 느낌이 좀 남아 있기는 하지만, 그래도 이 정도 규모의 건축물은 지구상에 건설할 수가 없습니다. 이 장면 전체에서는 오래전에 죽어버린 세계를 만들고자 시도했습니다. 그렇게 물속에 가라앉은 듯한 도시의 아름다운 모습을 만들어낼 수 있었죠.”

▲ 촬영 스틸샷

모라그 신전의 벽과 바닥 타일을 자세히 살펴보면 인피니티 스톤들의 역사가 담겨 있다. "일종의 서판 같은 거죠." 우드는 말했다. "커다란 목판에 부조 세공 장식을 새겨서 만들었습니다. 이걸 자세히 살펴보면 과거의 사람들이 경고를 하기 위해 남긴 일종의 문서라는 걸 알 수 있습니다. 이것도 다양한 구상을 거쳤습니다. 그림으로 가장 잘 묘사해낸 건 아마 (65쪽) 오른쪽 위의 작품이라고 생각합니다. 이 서판을 제작하게 된 상황을 모두 담아냈으며, 또 제작자들이 전달하고자 했던 스톤의 만행도 잘 나타나 있으니 말입니다."

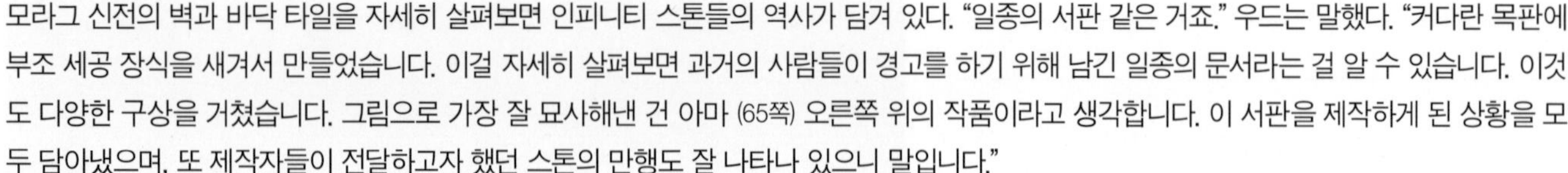

▲ 위 체서, 중간 최종 제작 소품,
아래 제작 중인 소품

Temple Vault detail REF ONLY
DEATH
Death embodies decay and can free the soul of a living being. Often taking the form of a woman. Death can manipulate reality, time and space and came into existence at the same time as Oblivion. Eternity and Infinity. Immortals are immune to Death's ability.
Thanos wanted to rule the universe with Death and killed all life in half the universe with the snap of his fingers to impress her.
OBLIVION
Oblivion is opposed to Eternity and Infinity. He claims to proceed the existance of the universe. Oblivion has stated that Death is his child but has sometimes referred to Death as his sister.
Oblivion will create 'children' like Mirage, Kali and White Light.
Here he battles Eternity and Infinity.
Infinity Stone
ETERNITY
Eternity represents all time in the universe and has unlimited ability to manipulate time, space, matter, energy or reality.
Eternity and Infinity are one of the three essential forces in the universe (necessity)...the others being Death and Oblivion (vengence) and Galactus (equity).
INFINITY
Infinity and Eternity are in constant competition with Death and Oblivion who attempt to reduce life while Infinity and Eternity expand life.
Infinity represents all space in the universe.
She is the sister of Eternity .

▲ 위 체서 ▲ 최종 제작 소품

▲ 촬영 스틸샷

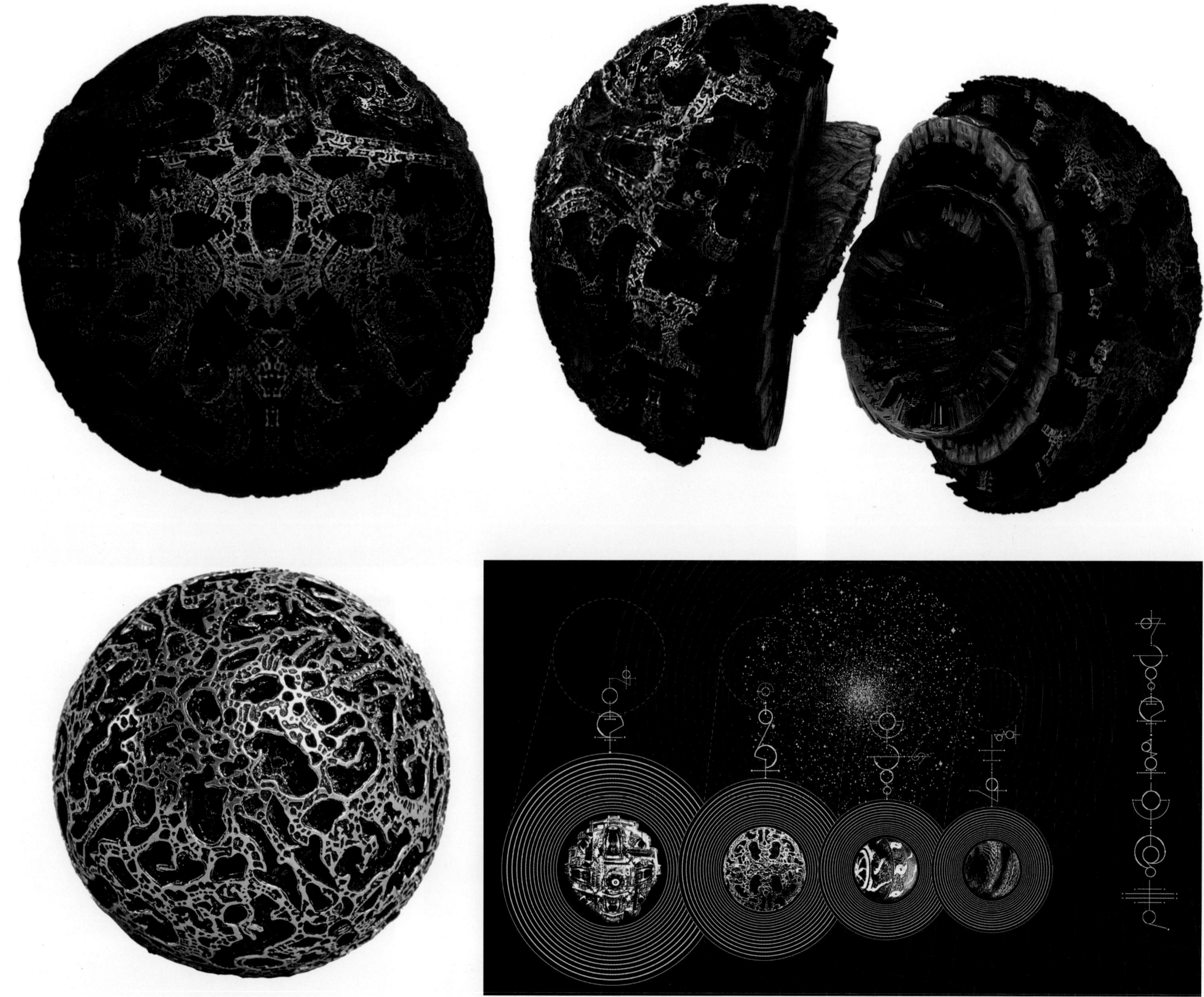

최종 제작 소품 ▲

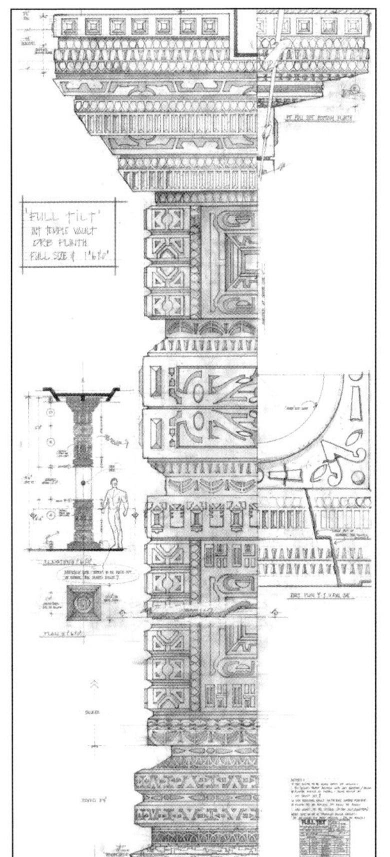

스타 로드는 신전 안쪽의 제단에 보관되어 있던 파워 스톤의 오브를 발견한다. "스타 로드는 꼭 인디아나 존스처럼 엄청나게 위험한 추격전을 뿌리치고 이 신전으로 들어와, 마침내 신전 중앙에서 오브를 발견합니다." 우드는 말했다. "그는 이제 이 보물을 손에 넣었다고 여겼지만 쾌재를 부르기에는 아직 일렀습니다. 이 제단은 마치 호프 다이아몬드(주인들에게 저주를 안겨주었다는 다이아몬드)를 보관하는 듯한 역할을 하고 있습니다. 실제로 이 제단의 디자인은 관람객들에게 값비싼 다이아몬드를 보여주는 전시대를 많이 본뜨기도 했죠. 하지만 이 보석은 단순히 값비쌀 뿐만 아니라 실로 유혹적인 물건이기도 하며, 이 물건을 손에 넣으려는 자에게는 지극히 위험하기도 했습니다. 그래서 그만큼 아름답게 만들었죠. 오브는 마치 작은 운석처럼 생겼으며 우리가 알지 못하는 재질로 만들어졌습니다."

▲ 위 체셔 ▲ 데호프-본

▲ 촬영 스틸샷

▲ 촬영 스틸샷

가디언즈 오브 갤럭시는 콜렉터에게 오브를 팔기 위해 노웨어로 향한다. 우리는 바로 이곳, 타넬리어 티반의 연구실에서 인피니티 스톤의 역사를 처음으로 듣고 이 보랏빛 보석이 품은 엄청난 파괴력을 목격하게 된다.

이 스톤의 힘을 경계하던 콜렉터는 감히 이 오브를 직접 손대려 하지 않는다. "이 장면에서는 스톤을 감싸고 있는 구체를 열어야 했습니다." 찰스 우드는 말했다. "하지만 그냥 열기에는 너무나 위험한 물건이기 때문에 실제로 여는 작업은 모두 기계 장치에 맡기고 다들 안전하게 물러나 있어야 하죠. 높은 전염성의 바이러스를 취급하는 연구실처럼 말입니다. 이 장면에서 그 기계 장치가 오브를 쥐고 여러 바퀴를 돌린 뒤에 여는 장면에서 이 모든 것이 표현되었습니다. 직접 만지면 안 된다는 것을 드러내는 것이었죠. 만약 그랬다간 정말 끔찍한 일이 벌어진다고요."

콜렉터의 노예 카리나는 파워 스톤으로 자유를 되찾으려 한다. 하지만 그녀는 스톤으로 달려들어 이 보석을 거머쥐자마자 그 힘에 완전히 압도당한다. "카리나는 관객들에게 파워 스톤의 위력을 보여주는 첫 희생양입니다." 앤디 박은 말했다. "파워 스톤은 아무나 사용할 수 없는, 심지어 만져서도 안 되는 물건입니다. 카리나는 파워 스톤에 유혹당한 거죠. 그녀는 이 스톤, 즉 자신의 자유를 찾을 기회를 보자마자 곧바로 거머쥐었지만 그 위력에 압도당해 완전히 분해되고 맙니다. 평범한 존재라면 그런 힘을 손에 넣을 수 없습니다. 그런 어두운 힘이 카리나에게 미치는 영향을 그려내기 위해 다양한 장면을 구상해보았습니다. 최소한 이 키프레임에서는 그 힘을 좀 더 어둡게 표현하고 싶었습니다."

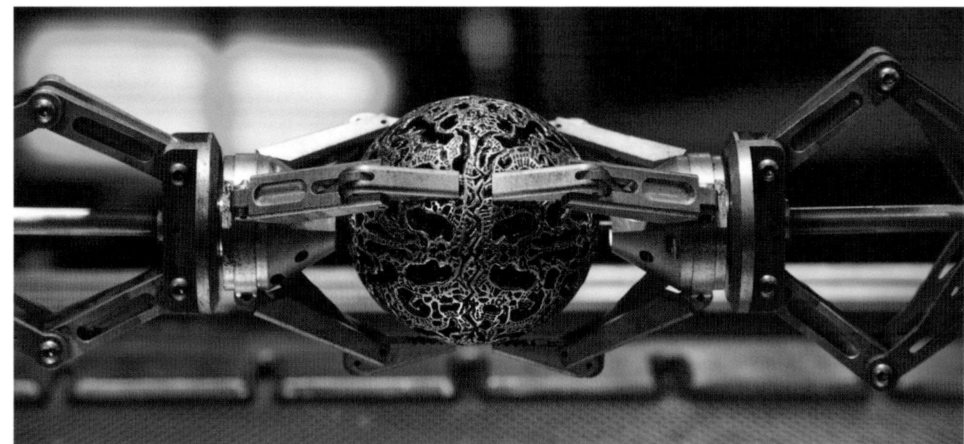

◂카스트로 ▲위 촬영 스틸샷 ▲박

메소드 스튜디오 ■

콜렉터는 인피니티 스톤에 대해 설명하면서 연구실 화면을 통해 다양한 장면들을 보여준다. 또한 티반은 사람들이 서로 손을 맞잡은 채 스톤의 에너지를 나누면서 잠깐이나마 견뎌내는 장면도 보여주어, 앞으로의 전개를 넌지시 암시하기도 한다.

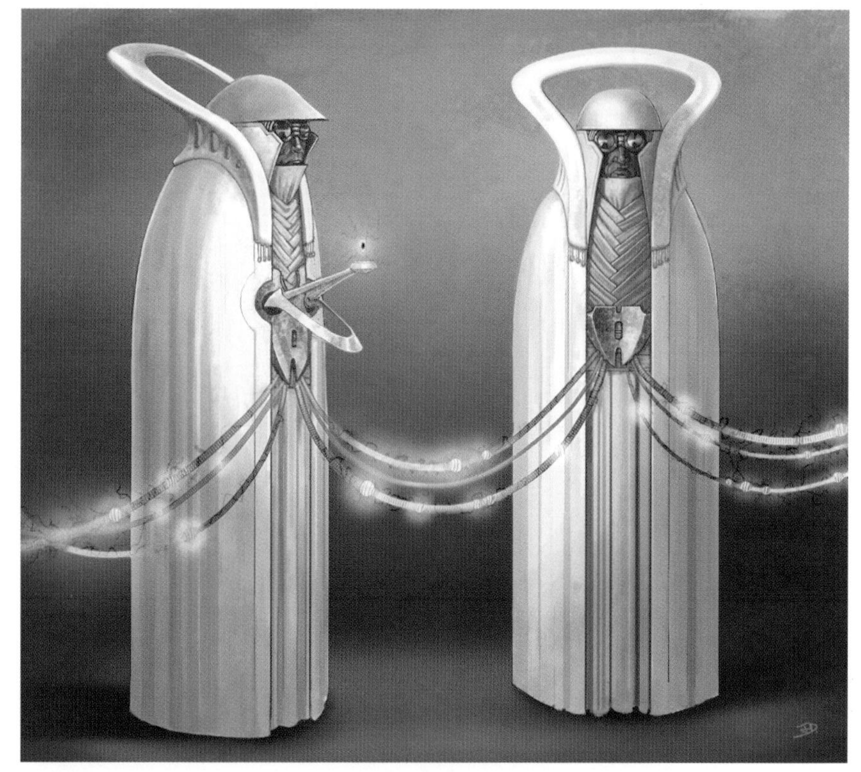

▲ 스위트

▲ 더드먼

로난은 파워 스톤에 사로잡힌 나머지 코스미 로드의 망치머리에 스톤을 박아 자신이 그 힘을 휘두르려 한다.

◂ 웬

워커 ▴

촬영 스틸샷 ▴

▲위 박 ▲촬영 스틸샷

▲촬영 스틸샷

JACKSON SZE '13

스타 로드는 파워 스톤을 맨손으로 쥐자마자 곧바로 그 힘에 압도당하지만, 가디언즈 오브 갤럭시의 동료들이 나서서 그 힘을 함께 견뎌낸다. "가디언즈 오브 갤럭시가 가족이 되는 순간입니다." 앤디는 말했다. "모두가 한 팀이 되었다는 결속력을 보여주는 장면이죠. 가디언즈 오브 갤럭시는 지금껏 보여줬던 것처럼 자기 앞가림만 하려 들지 않고 마침내 서로를 받아들입니다. 그렇게 이들이 우주를 구해내면서 영화는 절정으로 치닫습니다."

이전 페이지 제■ 촬영 스틸샷 ▲ 박▶

파워 스톤이 잘못된 자들의 손에 들어가는 것을 막기 위해, 가디언즈 오브 갤럭시는 이 보랏빛 보석을 노바 군단에게 넘긴다. “만약 당신이 잔다르의 금고에 들어가더라도, 원하는 물건이 어디 있는지 감도 잡히지 않을 만한 구조로 구상했습니다.” 찰스 우드는 말했다. “잔다르 금고의 겉모습은 완전히 무미건조한데다 많은 문과 보관고가 달려 있습니다. 꼭 은행 금고실 같죠. 이처럼 몰개성한 외형은 파워 스톤이라는 귀중한 물건을 보관한 금고의 보안 수준을 한 단계 더 높여줍니다.”

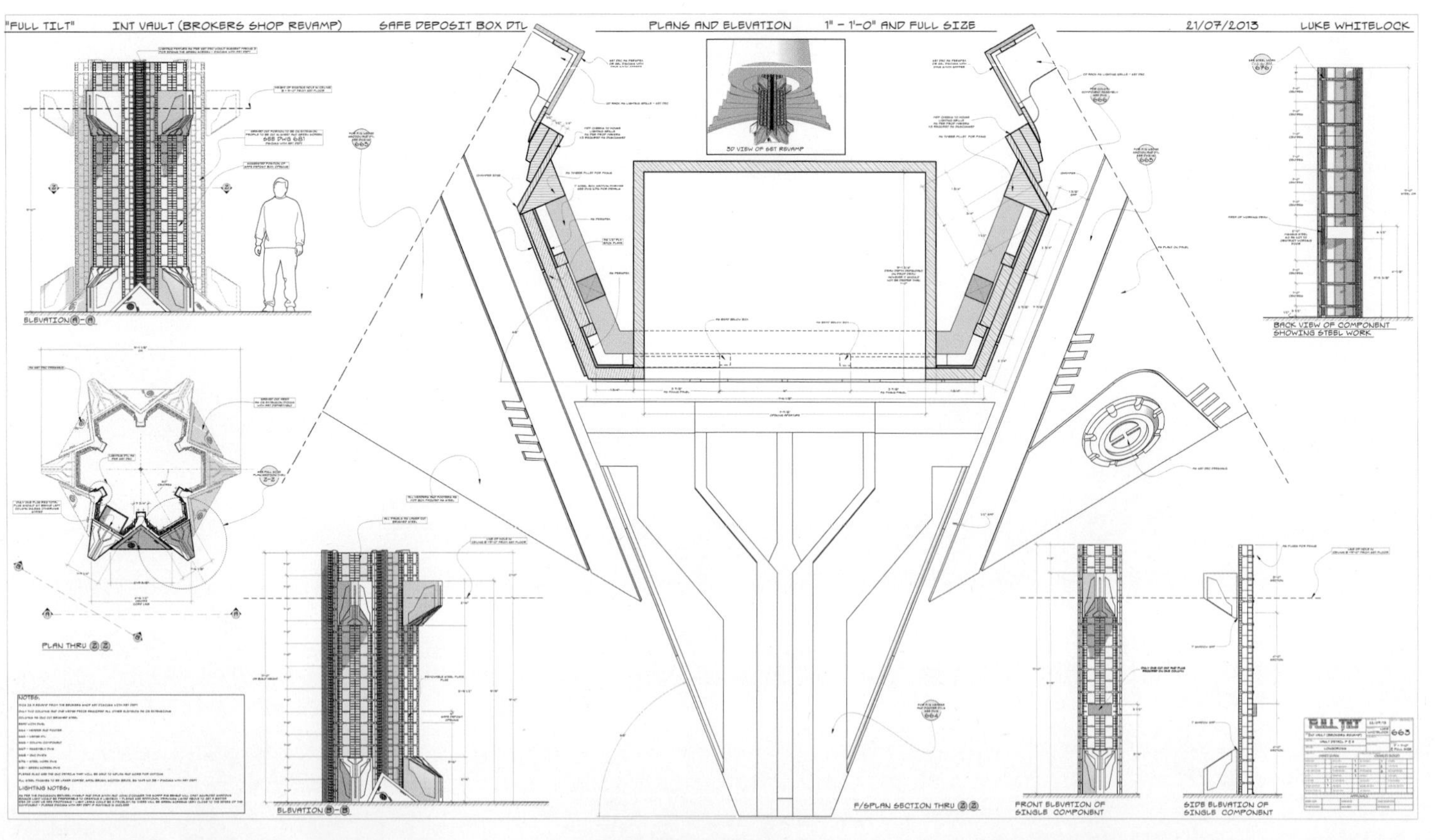

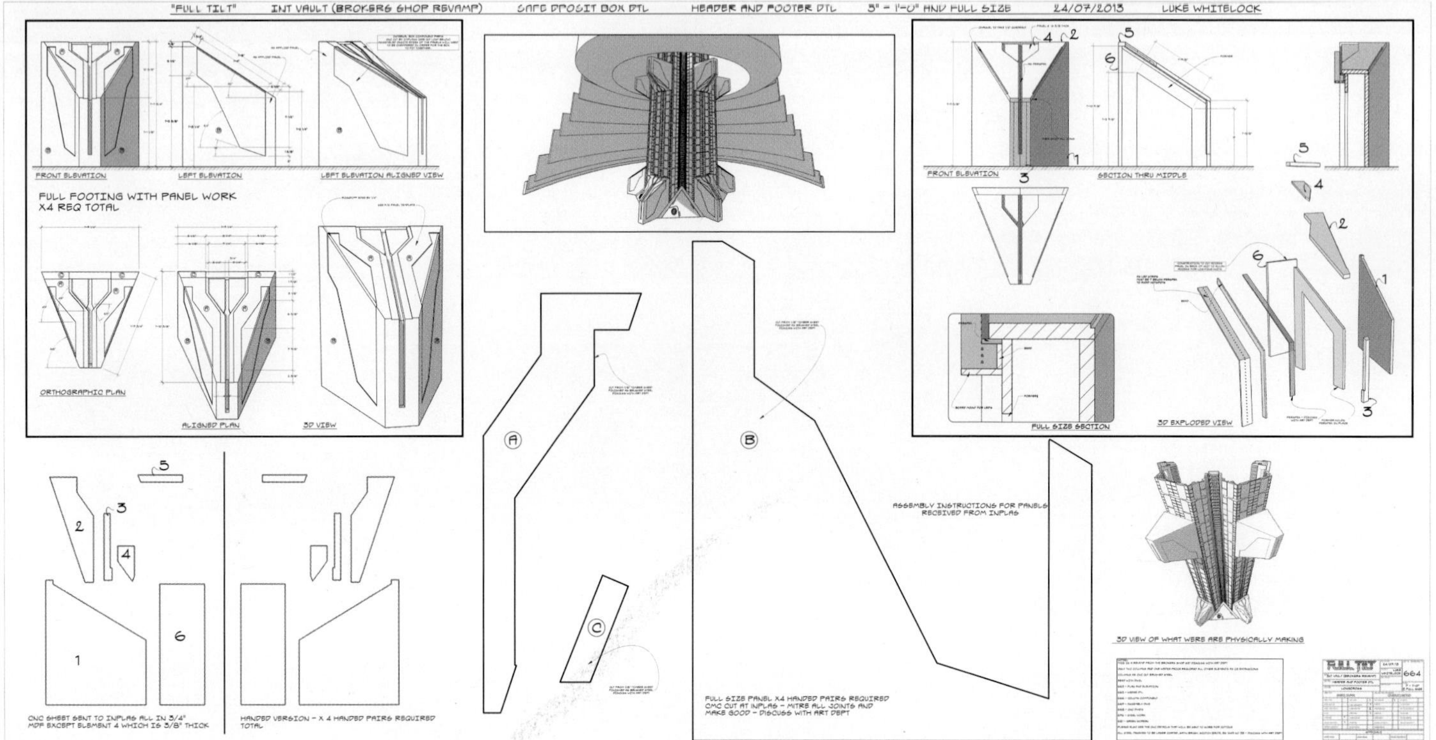

화이트록 ■ 위 카스트로, 아래 촬영 스틸샷 ▸

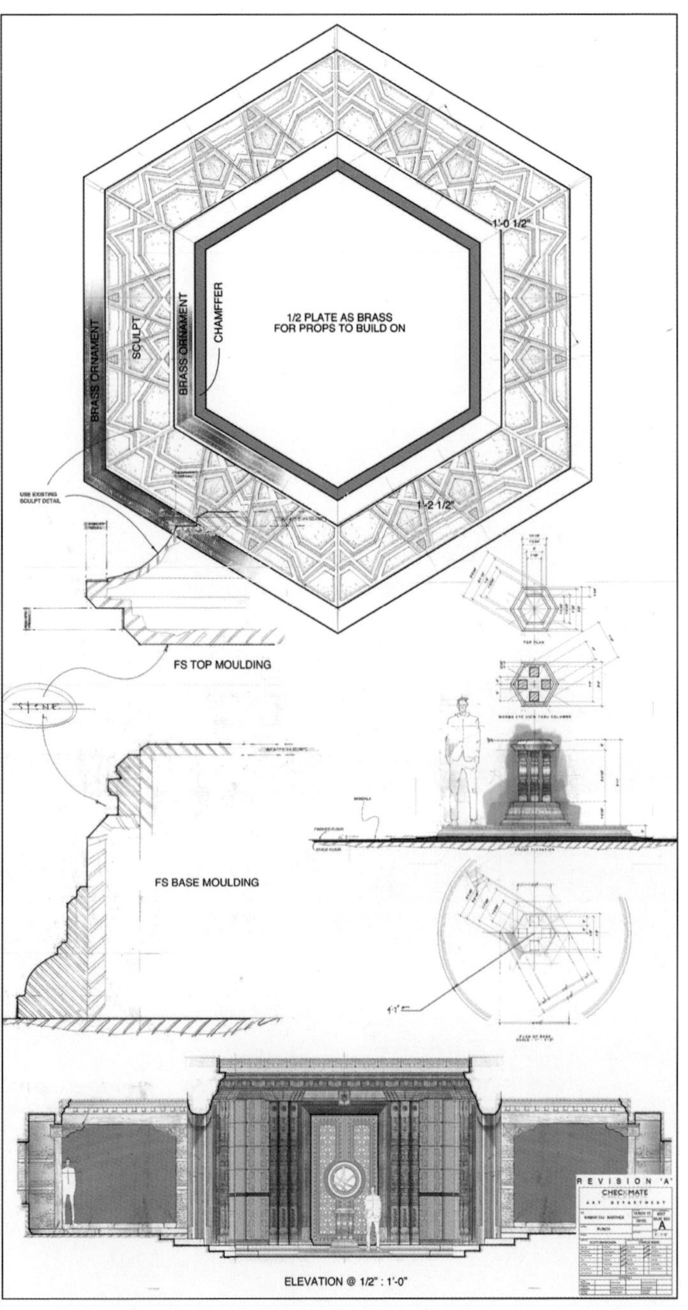

타임 스톤은 과거, 현재와 미래를 조작할 수 있게 해준다. 이 녹색 보석은 '아가모토의 눈'이라는 고대 유물에 보관된 채 마법 비술의 대가들에게 보호를 받고 있다.

위 톰프슨, 아래 촬영 스틸샷 ▲

리스 ▲

TIME 타임

THE EYE OF AGAMOTTO 아가모토의 눈

▲ 위 최종 제작 소품, 아래 촬영 스틸샷

▲ 오르티스와 더드먼

힐 ▲

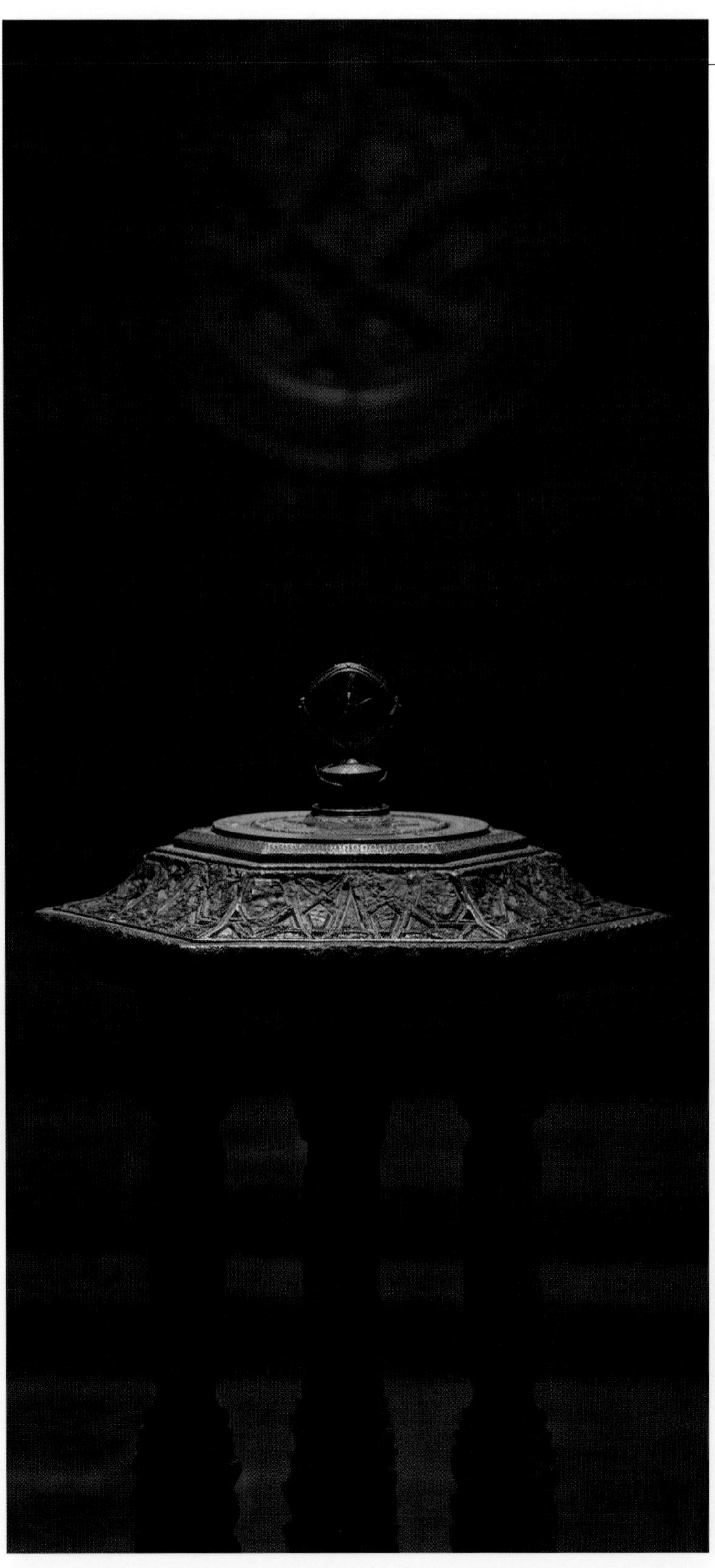

촬영 스틸샷 ▲

아가모토의 눈은 마법 주술의 대가들의 거처인 카마르-타지에 보관되어 있다. "타임 스톤은 네팔의 카트만두에 위치한 바로 이 방에 보관되어 있습니다." 〈닥터 스트레인지〉의 제작 디자이너인 찰스 우드가 말했다. "이곳은 가장 영적인 성지인데다 타임 스톤도 바로 이 구체 밑에 보관되어 있죠. 이 구체는 전세계를 보여주는 지도이자 세상 곳곳에 퍼져 있는 다른 생텀 생토럼들의 위치를 표시해줍니다. 이 방에 들어오는 건 지극히 어렵죠. 아주 고풍스러운 정취가 흐르는 방인데다 건축 양식도 극동 아시아의 양식을 많이 본떴습니다. 디자인도 모두 마법이나 주술과 관련이 있죠."

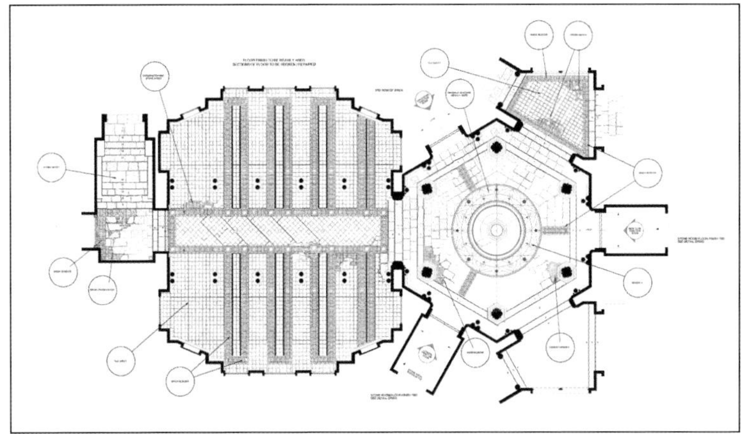

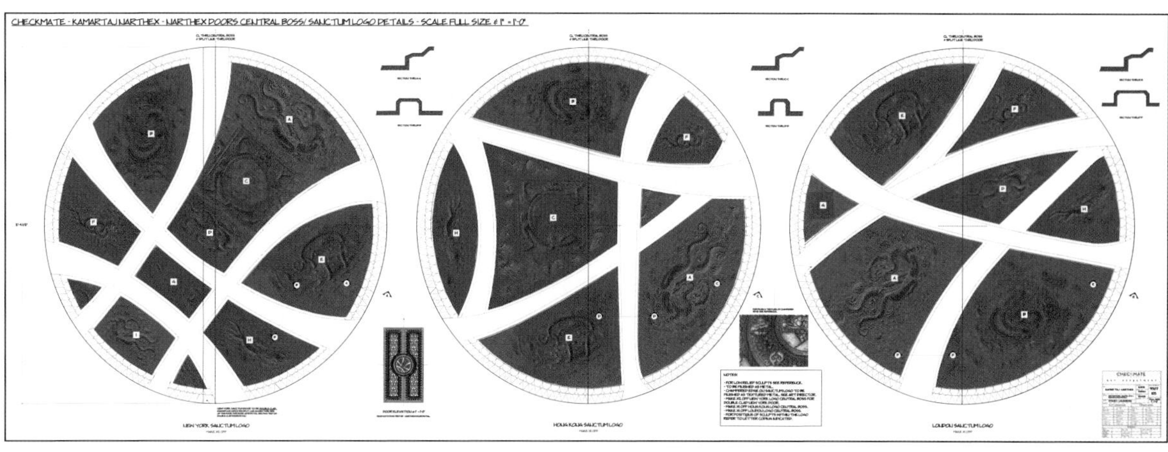

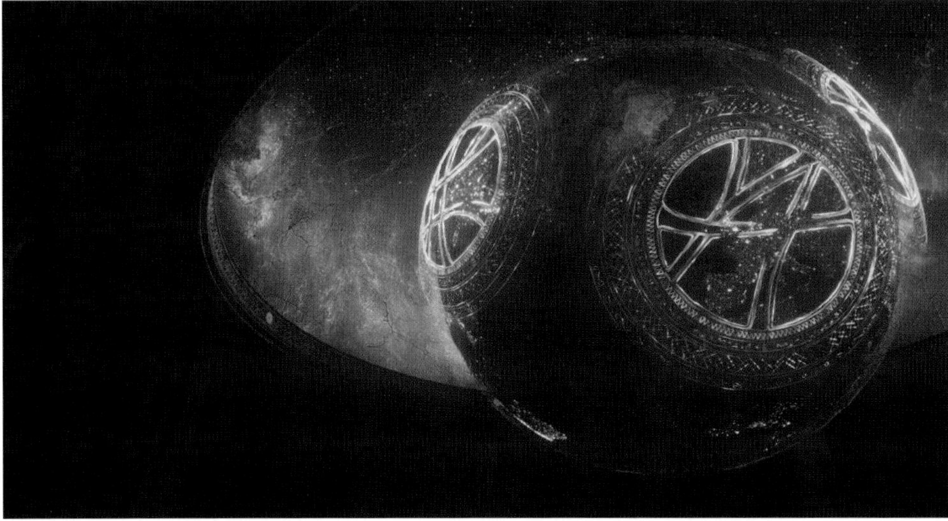

▲ 왼쪽 위 이반, 오른쪽 위 진 ▲ 촬영 스틸샷

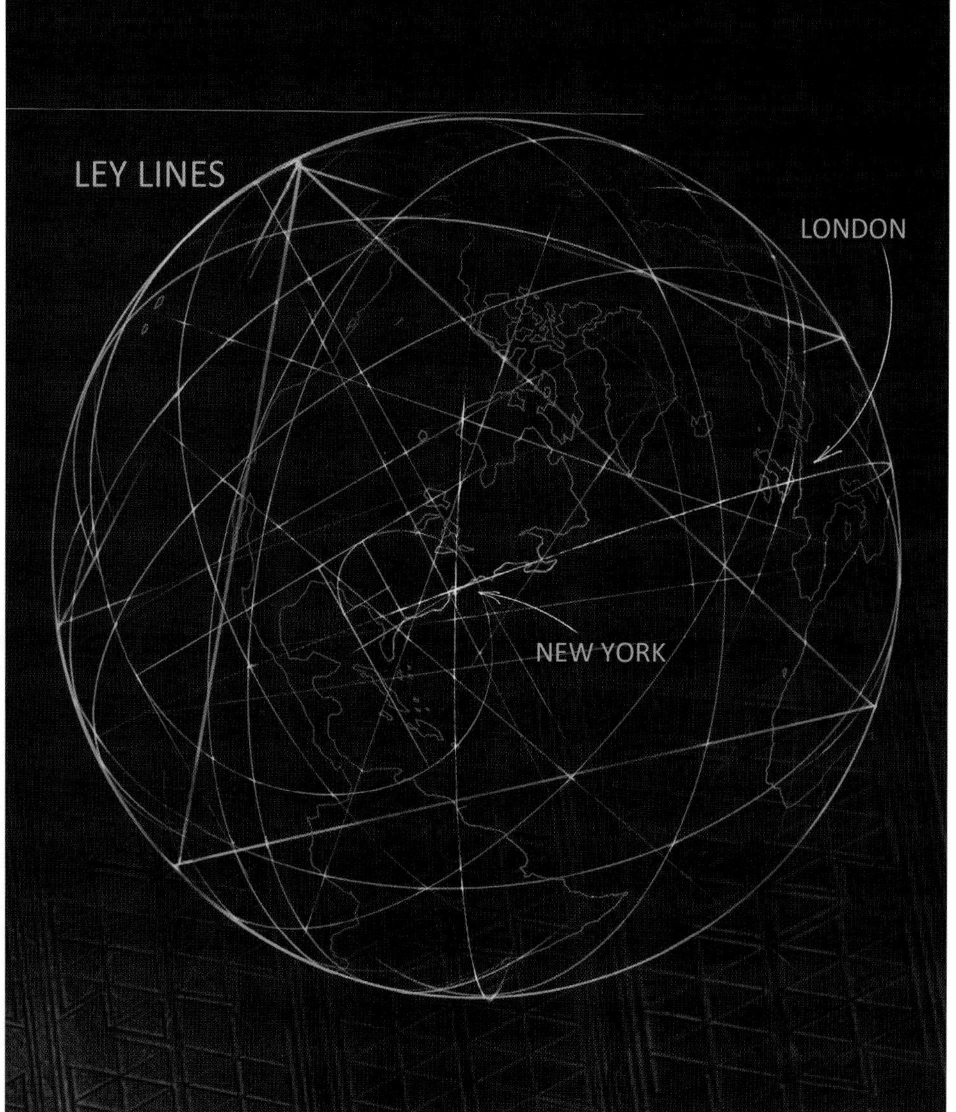

▲ 체셔

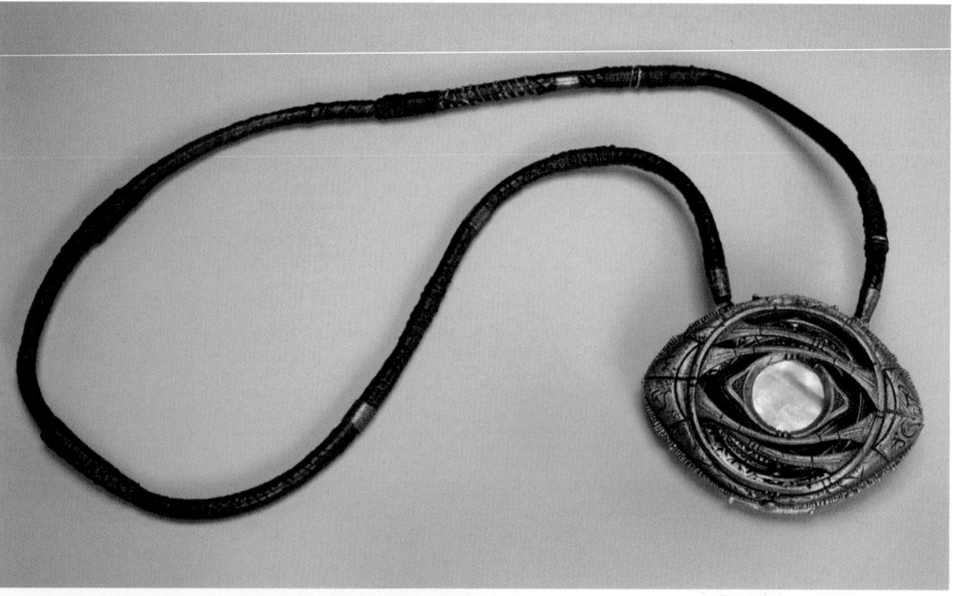

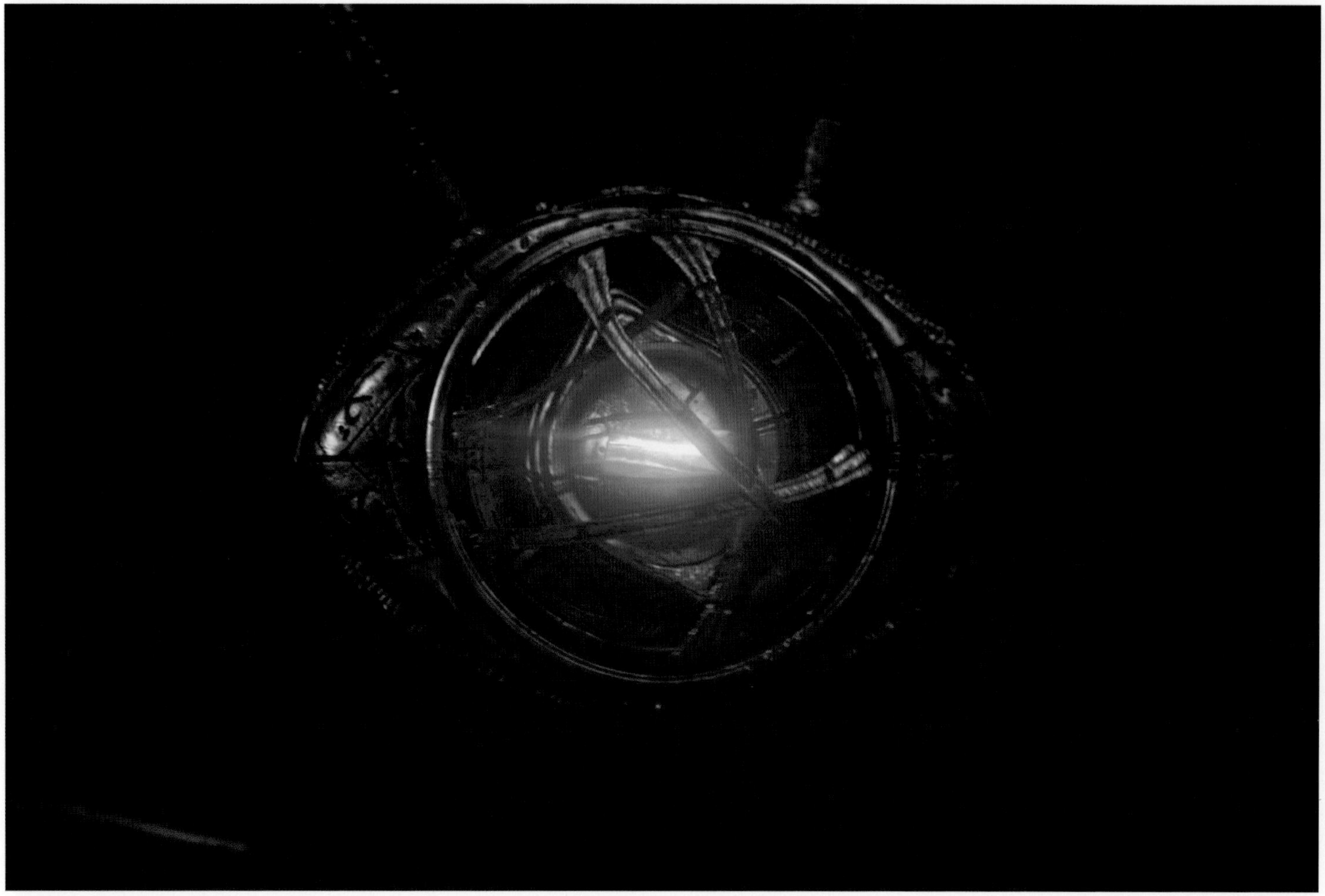

위 최종 제작 소품 ▲

촬영 스틸샷 ▲

스티븐 스트레인지는 에인션트 원이 개인적으로 소장하고 있던 서적인 '카글리오스트로의 책'을 보고 타임 스톤의 에너지를 다루는 방법을 익힌다.

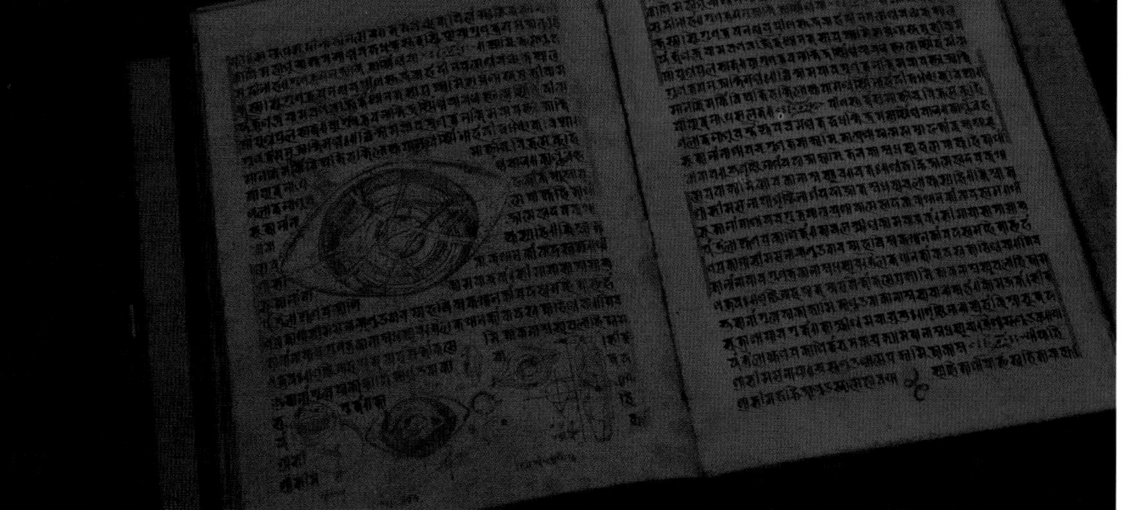

▲ 위 페인 ▲ 최종 제작 소품

▲ 촬영 스틸샷

오르티스▲ 위 제▲

"우리는 닥터 스트레인지가 수인을 맺는 동작이 정말 중요할 거란 점을 알고 있었습니다." 잭슨 제는 말했다. "실제로 스트레인지가 수인을 맺어서 아가모토의 눈을 여는 과정은 다수의 장면으로 구성되어 있어, 그 동작이 스트레인지에게 정말 중요하다는 사실을 강조합니다."

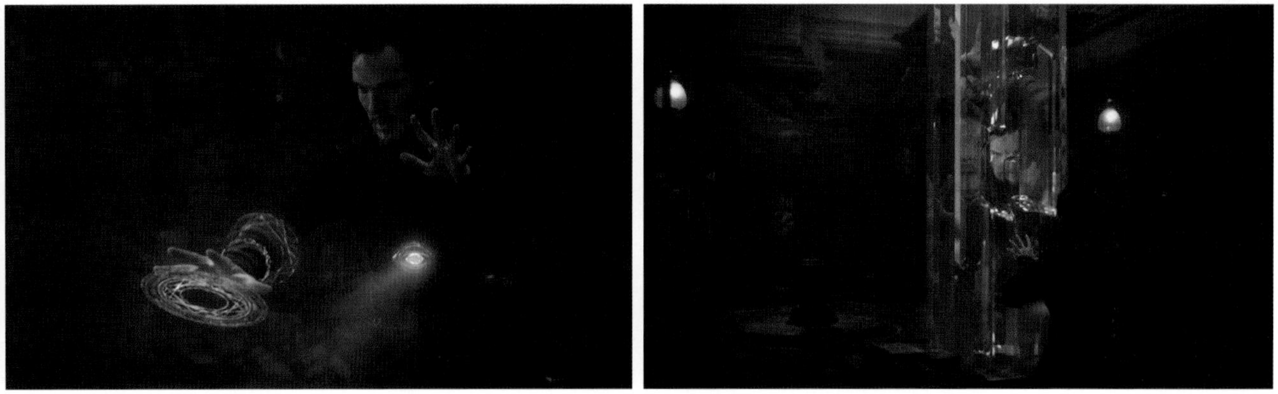

▲ 위 제, 아래 촬영 스틸샷

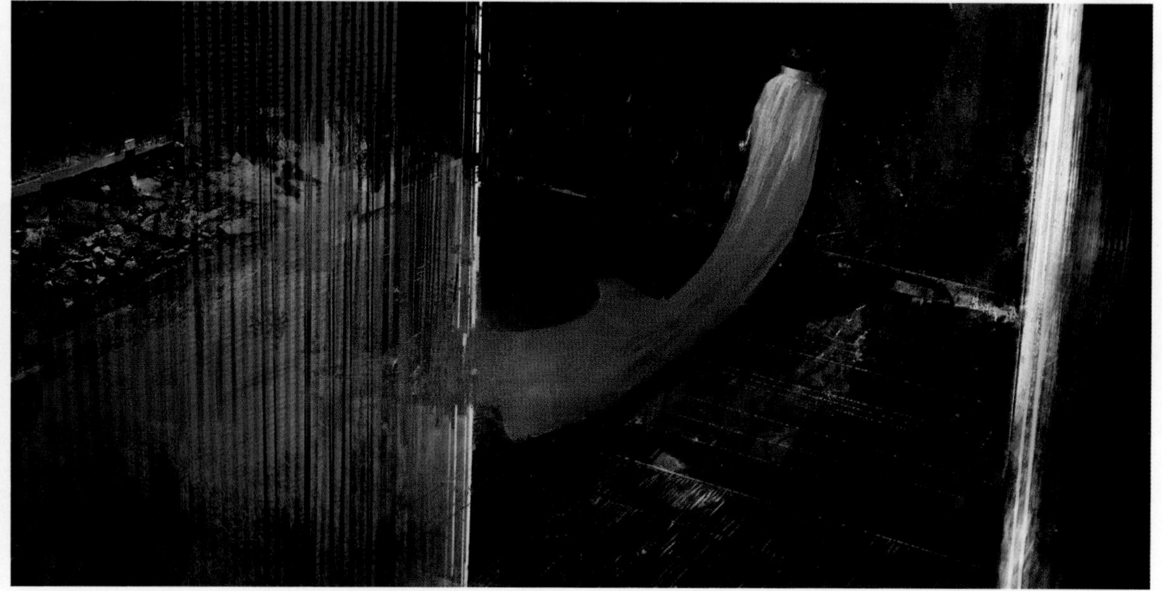

맨드라지예프 ▲

맨드라지예프 ▲ 위 톰프슨 ▲

홍콩 생텀을 돕기에는 한발 늦어버린 닥터 스트레인지는 타임 스톤을 사용해 도시가 입은 피해를 되돌린 다음, 한번 일어났던 과거가 되풀이되지 않도록 행동에 나선다. "이 작업은 정말 복잡했죠." 우드는 말했다. "원래는 홍콩 현지로 가려고 했지만 이 장면이 너무나 복잡해서 포기했고, 그 대신 영국에 통째로 세트장을 하나 지어야 했습니다. 홍콩 현지의 세트 디자이너와 많은 시간을 협력하면서 카오룽에 있는 많은 건물들을 그대로 본떴습니다. 이렇게 얻은 정보를 바탕으로 건물들을 지어 올려서 정말 카오룽에 있는 듯한 가상의 거리를 재현해냈습니다. 시간이 많이 걸린데다 세부 묘사 작업도 정말 많이 필요했습니다."

▲ 톰프슨

▲ 위 촬영 스틸샷

프랜시스코 ▲ 위 촬영 스틸샷 ▲ 위 맨드라지예프, 아래 메이너딩 ▶

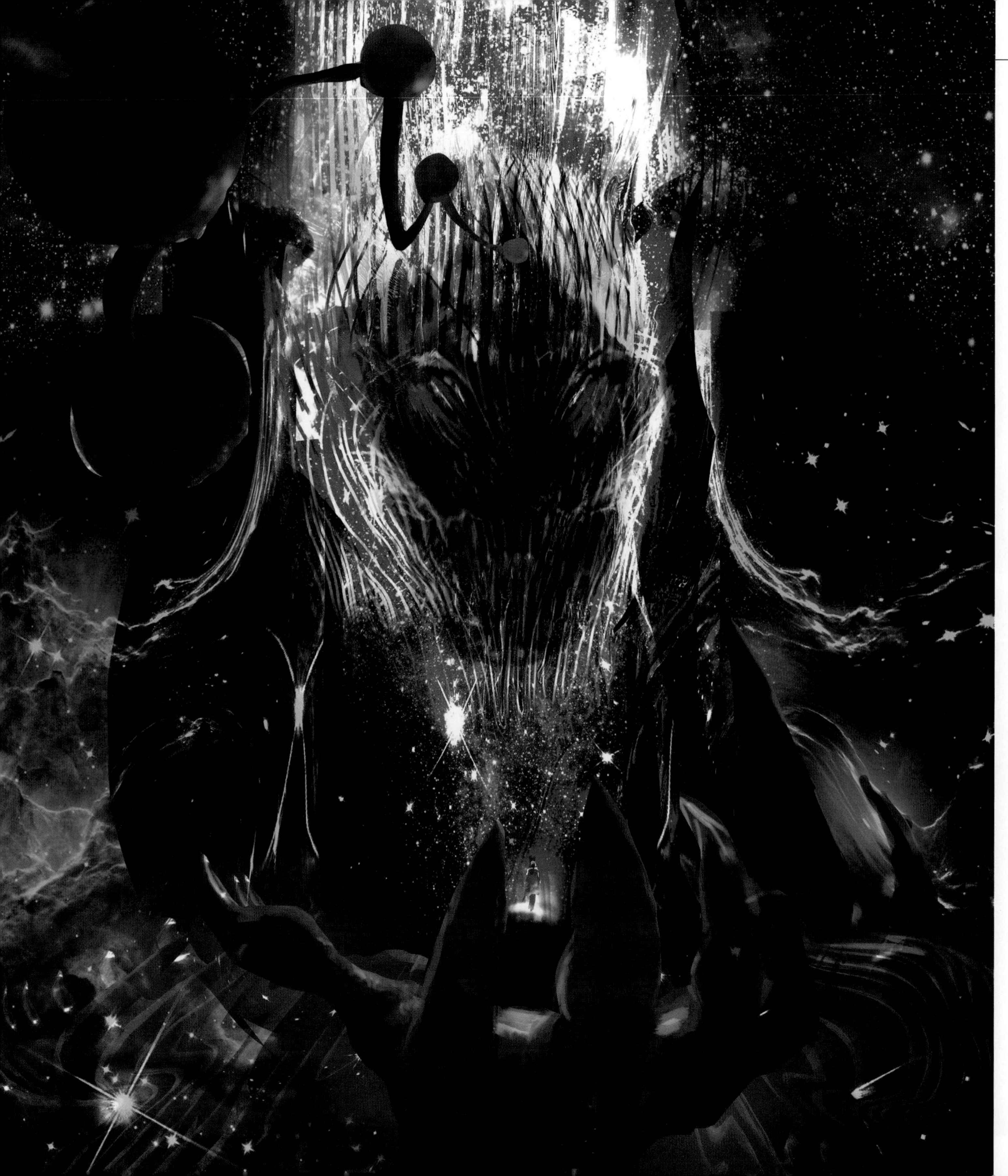

닥터 스트레인지는 다크 디멘션으로 들어가 그곳의 지배자인 도르마무와 직접 거래를 하려고 한다. 스트레인지는 타임 스톤을 사용해 도르마무를 무한한 시간의 반복 속에 가두고 다시는 지구로 돌아오지 않겠다는 약속을 받아낼 때까지 풀어주지 않는다.

◂ 프랜시스코

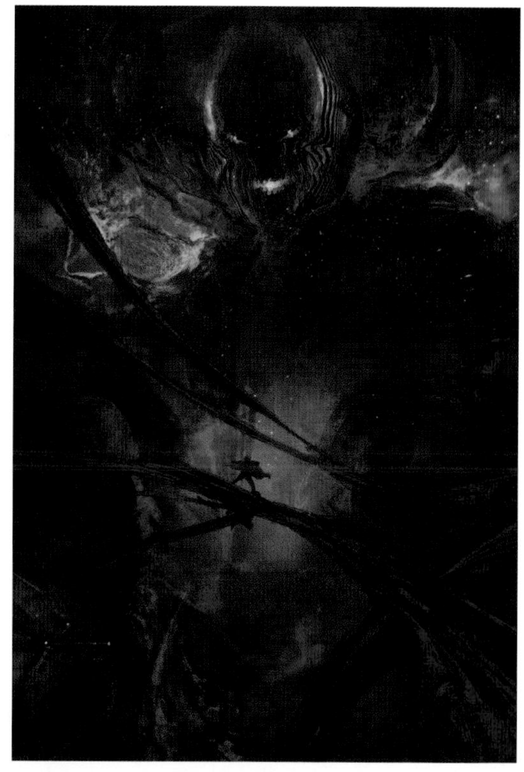

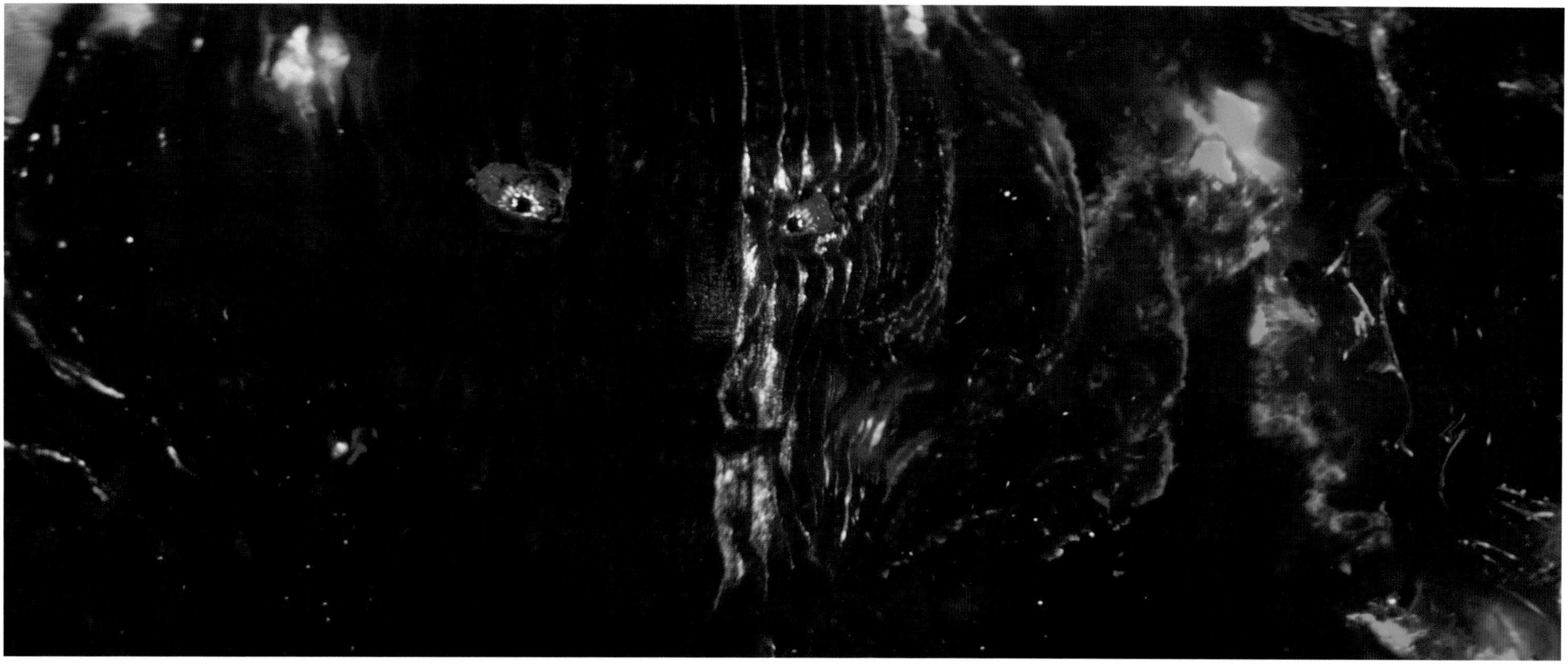

▲위 메이너딩 ▲촬영 스틸샷

프랜시스코 ■ 위 촬영 스틸샷, 아래 슈릴 ▸

〈어벤져스: 인피니티 워〉에서 닥터 스트레인지는 토니 스타크에게 ‘타임 스톤을 지키기 위해서라면 주저 없이 토니와 피터 파커를 죽게 내버려 둘 것’이라고 말하지만, 그 후 타노스에게 타임 스톤을 순순히 넘긴다. 하지만 스트레인지의 이런 행동은 분명 더 큰 그림을 그리기 위한 것이었다. 어쨌든 닥터 스트레인지는 타노스와 싸웠을 때 일어날 수 있는 14,000,605개의 미래를 모두 보았고 그중에서 히어로들이 승리할 수 있는 건 단 하나뿐이란 걸 알고 있으니 말이다.

SOUL 소울

VORMIR 보르미르

소울 스톤의 능력은 거의 알려져 있지 않다. 타노스는 총애하는 딸 가모라를 보내 소울 스톤의 행방을 찾게 했다. 가모라는 소울 스톤이 숨겨진 곳을 감추기 위해 처음에는 거짓말을 했지만, 이로 인해 네뷸라가 고통을 받게 되자 결국 동생을 지키기 위해 아버지에게 이 주홍 스톤의 위치를 알려준다.

촬영 스틸샷 ▲ 위 힐 ▲

케슬러 ▲

■ 케슬러

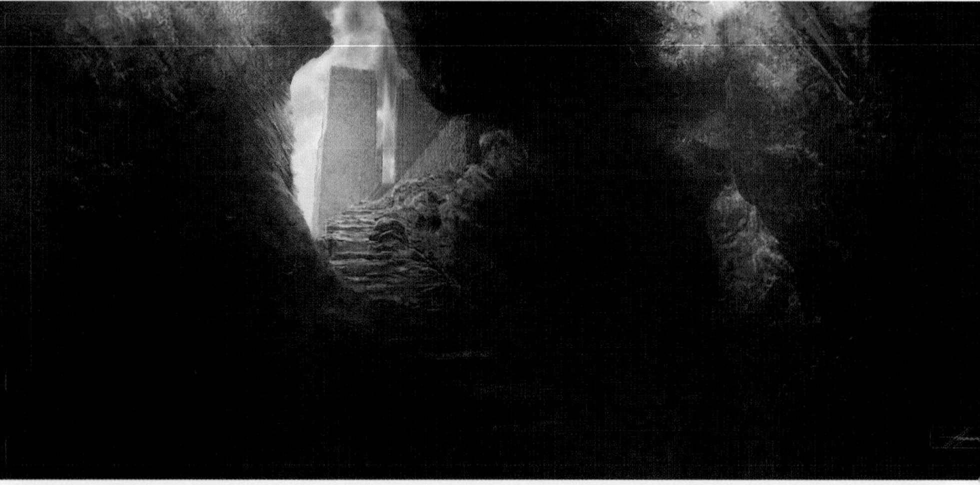

"보르미르 행성의 시각적 풍경은 꿈속 세계처럼 만들려 했습니다." 찰스 우드는 말했다. "실제로 칠레의 아타카마 사막에 갔었는데 이렇게 아름다운 모래 언덕들이 즐비한 장소가 있더라고요. 그런 풍경을 바탕으로 좀 더 꿈속 같은 광경을 만들어보고 싶었습니다. 보시다시피 이 아트워크는 전부 색상과 구름을 다루고 있어서 정말 꿈만 같은, 거의 초현실적인 풍경이란 걸 알 수 있습니다. 타노스조차 '이상한 곳'이라는 첫인상을 받을 만한 장소죠. 이런 곳의 모래 언덕, 녹색 물과 구름으로 둘러싸인 이 괴상한 산의 꼭대기에는 두 개의 거대한 구조물이 서로를 마주보고 우뚝 서 있습니다."

촬영 스틸샷 ▲ 위 하그리브스 ▲ 하그리브스 ▶

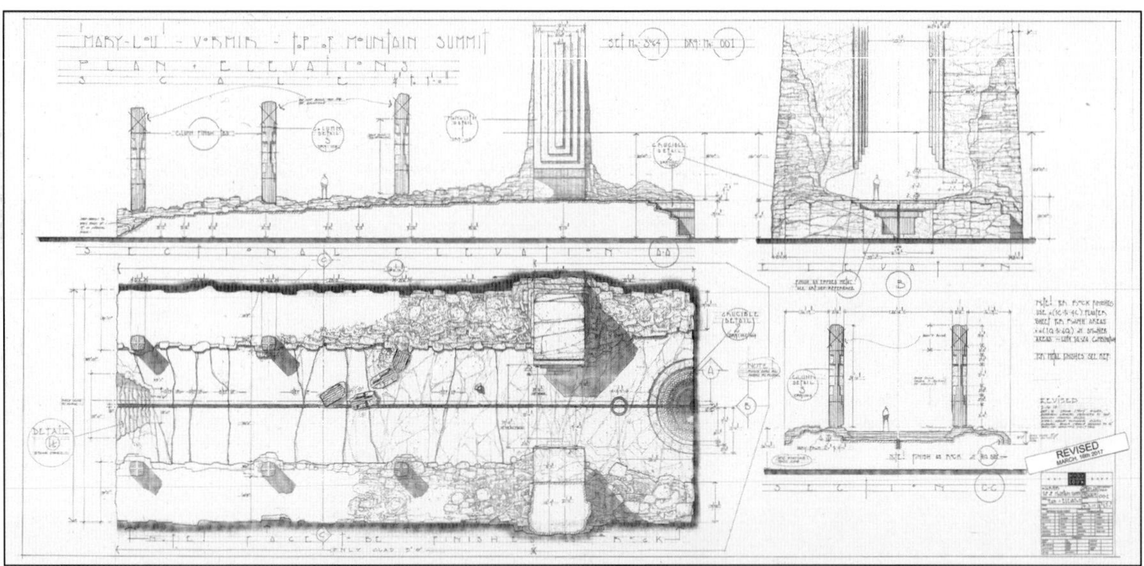

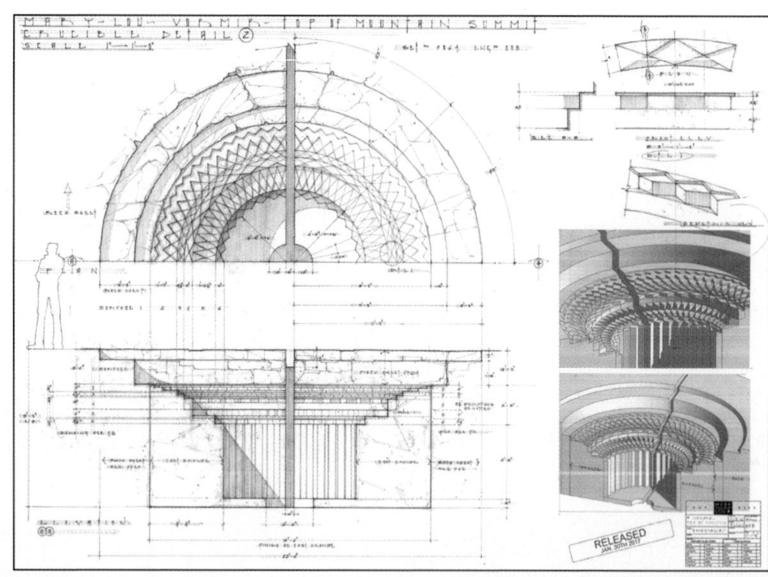

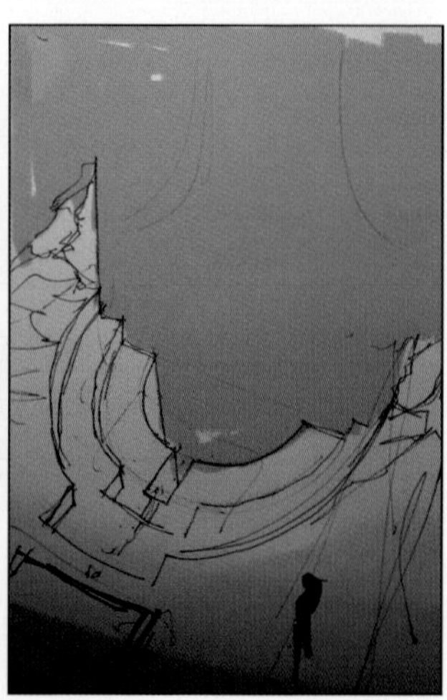

"소울 스톤은 이 거대한 구조물 사이에 있습니다." 우드는 말했다. "두 구조물은 서로 규칙적으로 느릿하게 공명하죠. 그러다 보르미르에서 스톤을 얻으려는 사명이 완수되면 구조물은 하늘에 거대한 폭발을 일으키고는 그 여파로 살짝 부서지고 맙니다. 다시 한번 말씀 드리지만 이건 정말 오래된 건축물입니다. 그리고 이 탑의 구상 과정에는 〈토르: 다크 월드〉에서도 상당한 영감을 얻었습니다. 생김새가 그 작품에서 등장했던 비석과 많이 비슷하죠."

왼쪽 위 **스웨인**, 오른쪽 위 **엥겔**, 중간과 아래 **체셔** ▲

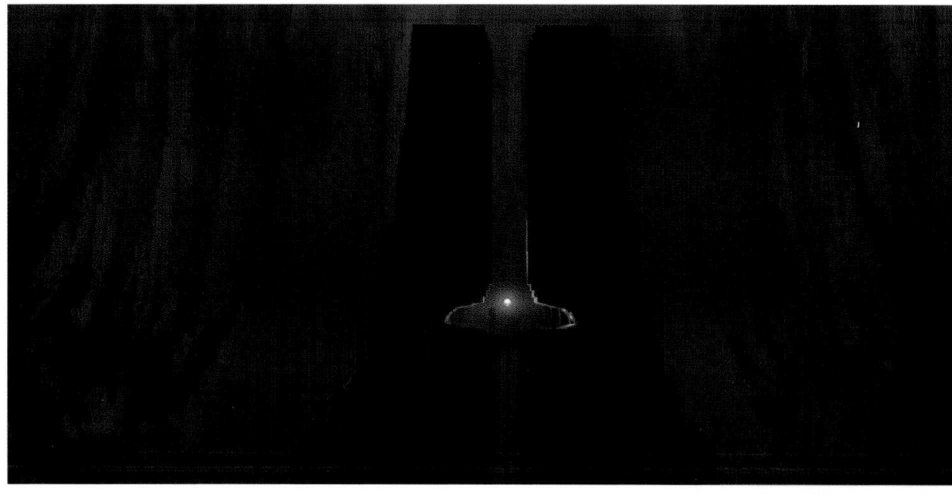

■ 체셔

"이 장소에 오려면 정말 불가능할 정도로 높이 치솟은 산을 올라야 합니다." 우드는 말했다. "하지만 여기는 시간을 완전히 초월한 장소죠. 그래서 산을 어떻게 보여주어야 할지, 또 관객들이 산의 풍경을 한눈에 볼 수 있게 찍으려면 어떻게 촬영을 해야 할지 방법을 찾으려 했습니다. 두 구조물을 둘러싼 구름을 구성하는 데도 상당한 시간을 투자했습니다. 덕분에 꽤나 신비로운 풍경이 되었죠."

체셔 ▲

■ 촬영 스틸샷

푸엔테벨라 ▲

푸엔테벨라 ▲

푸엔테벨라 ▲

세케리스 ▲ 위 슈릴 ▲

산꼭대기에는 타노스와 가모라를 기다리는 자가 있었다. 두 사람은 스톤의 수호자가 된 레드 스컬의 환영을 받는다. 레드 스컬은 테서랙트를 맨손으로 쥐었다가 사라져버린 직후 이 순간까지 행방을 드러낸 적이 없었다.

"이 작업은 우리도 레드 스컬이 뭘 하고 있었는지, 또 어쩌다가 스톤의 수호자가 되었는지를 밝히고 싶었기 때문에 정말 재미있었습니다." 로드니 푸엔테벨라는 말했다. "좀 더 쇠약해진 모습으로 묘사해야 할까? 마치 타락한 천사처럼 종교적인 모습을 하고 있을까? 아니면 다른 영화에서 보았던 요소를 갖추고 있을까? 어쩌면 <가디언즈 오브 갤럭시>에서 등장했던 라바저스 같은 우주 집단에 들어갔다가 그 복장을 따라서 입게 된 건 아닐까? 좀 더 노쇠한 모습으로 묘사해야 하지 않을까? 아니면 바로크나 르네상스 예술 작품에서나 볼 법한 모습을 하고 있지는 않을까? 이렇게 레드 스컬의 외모를 결정하는 데는 정말 다양한 구상이 따랐습니다."

◂ 스위트 ▴ 촬영 스틸샷

타노스는 스톤을 얻기 위해 자신이 사랑하는 사람, 가모라의 영혼을 바쳐야만 했다. "이 영화 속에서 제가 가장 가슴이 아팠던 장면 중 하나는 타노스가 고집스레 가모라를 절벽 끝으로 끌고 가는 가운데, 가모라도 지금 무슨 일이 벌어지는지 눈치채고 공포에 질리는 순간이었습니다." 라이언 메이너딩은 말했다. "타노스와 가모라가 각각 아버지와 자식 같은 입장이 되어 서로 공포마저 느껴지는 드잡이합니다. 부모들이 말 안 듣는 애들을 끌고 갈 때 흔히 볼 수 있는 광경이지만 타노스가 가모라에게 무슨 짓을 할지 알고 있기에 그 장면은 훨씬 최악이 되어버립니다. 타노스가 정말로 자신을 그녀의 아버지라고 여겼다는 것도 불편하지만 가모라가 그 순간만큼은 무력한 어린애로 보이고, 또 그런 어린애를 절벽으로 집어 던진다니 정말로 보기가 불편하죠."

"저는 제작팀이 이 시점에서 가모라를 희생시킬 거란 걸 알았지만 제작팀 측에서는 굳이 여기에 우는 장면이 필요하다고 구체적으로 요청하지는 않았습니다. 저는 타노스의 캐릭터성을 잘 구현하려면 그가 이 순간에 어떤 행동이든 보여주어야 할 거라고 생각했습니다. 그래서 저는 타노스가 울기를 바랐습니다. 그런 면에서 디지털로 제작된 캐릭터가 내보이는 완전한 감정을 표현 가능한 기술력이 갖춰졌다는 점이 정말 좋았습니다. 제작팀은 타노스의 감정선을 굳이 몰아붙이지 않았기 때문에 타노스는 울 필요가 없었지만, 저는 이 순간 타노스가 눈물을 보인다면 훨씬 실감나는 캐릭터가 될 것이라고 생각했습니다."

◂ 메이너딩

슈릴 ▲

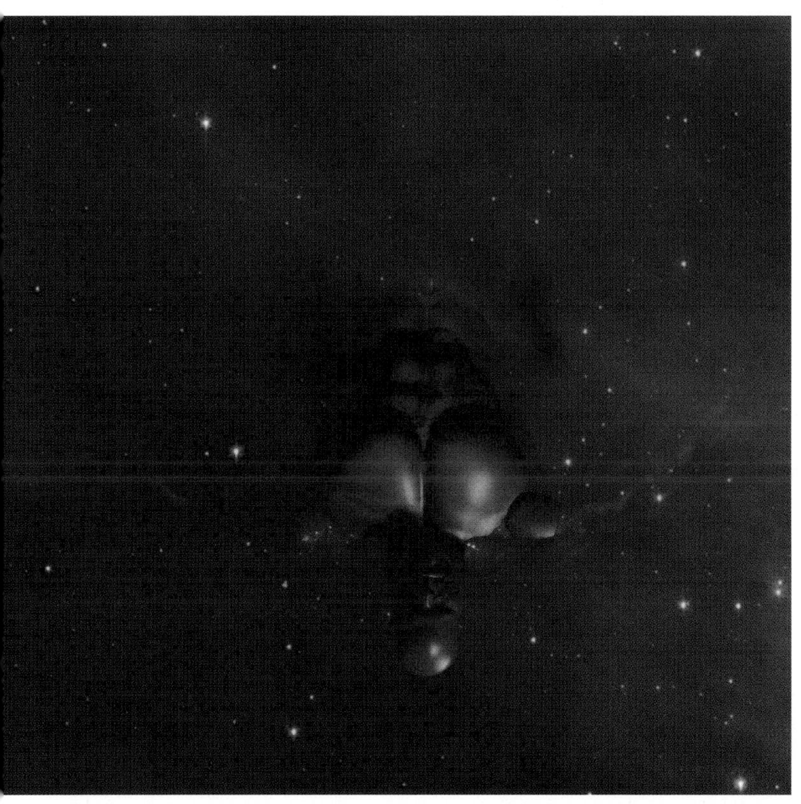

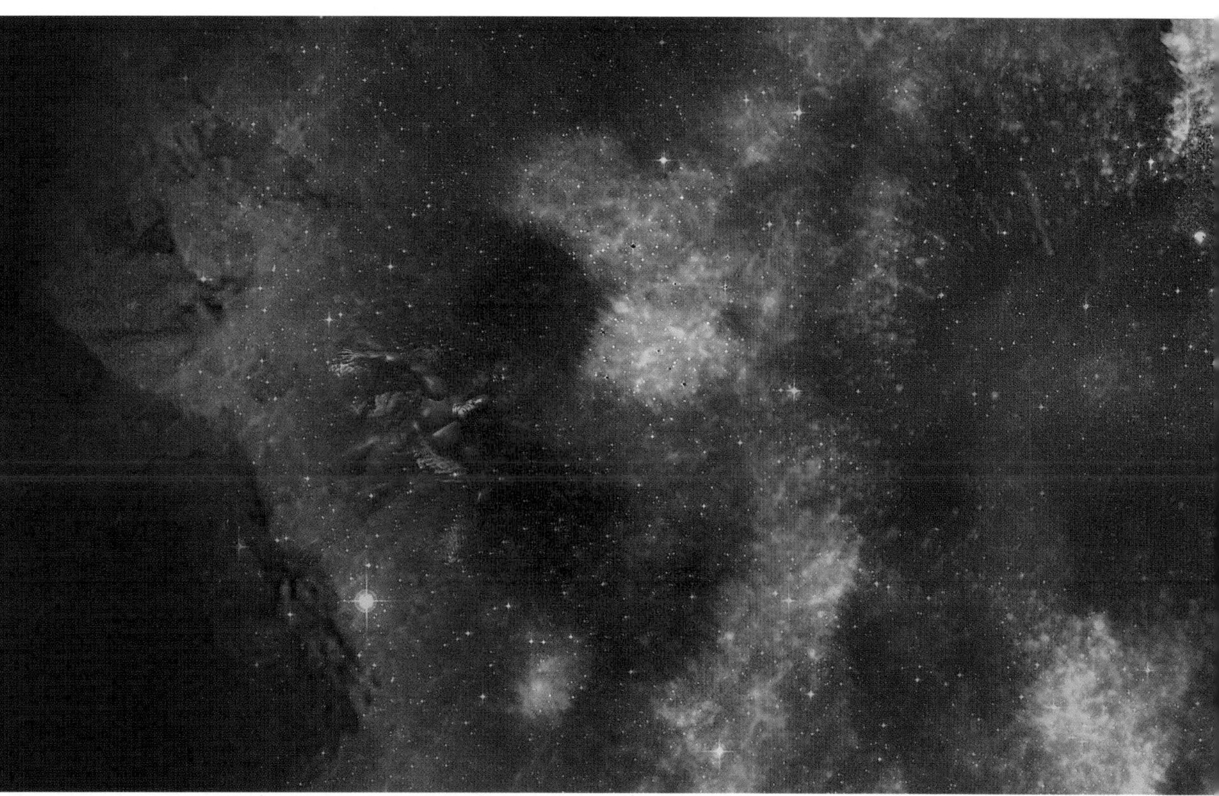

▲위 힐 ▲촬영 스틸샷

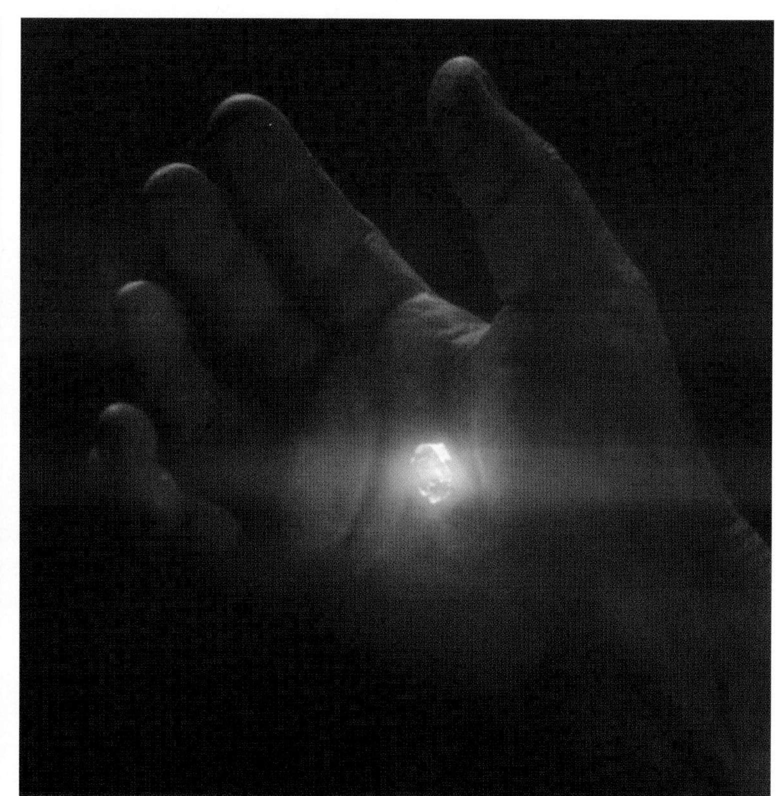

▲촬영 스틸샷

타노스는 승리한다. 그는 모든 인피니티 스톤을 모은 다음 손가락을 한 번 튕겨 모든 생명체의 절반을 지워 버린다. 이런 패배는 살아남은 영웅들을 지금껏 본 적 없는 지경까지 몰아붙이게 된다.

"대부분의 캐릭터들은 <어벤져스: 인피니티 워>의 결말 시점에서 최악의 순간을 맞이합니다." 메이너딩은 말했다. "같은 팀원을 잃었든, 가족을 잃었든, 스스로에 대한 믿음을 잃었든, 히어로들은 모두 자신의 여정에서 큰 시련을 겪게 됩니다. 그리고 <어벤져스: 인피니티 워>에서 자신들이 끝내 하나로 뭉치지 못하고 뿔뿔이 흩어진 채 패배했다는 사실을 견뎌내기란 극도로 힘들죠. 특히 토르의 경우, 저는 토르가 자기 스스로를 항상 어벤져스의 최강자라고 여기고 있었다고 생각합니다. 그런 토르조차도 자신이 완벽하게 패배했다는 걸 깨닫습니다. 그것도 타노스에게 마지막으로 한마디 건넬 여지를 남긴 오만한 짓을 저지르지만 않았더라면 충분히 승리할 수 있었는데 말이죠. 그 사실은 토르의 두 어깨를 무겁게 짓누릅니다."

메이너딩

■ 메이너딩

타노스는 승리를 거둔 후 마치 꿈속과도 같은 세계에서 어린 가모라와 대화를 나눈다. 등 뒤로 보이는 배경의 정자는 영화 초반부에 타노스가 젠-호베리 행성에서 앞으로 수양딸로 맞아들일 가모라를 처음으로 만나, 완벽한 균형을 맞춘 단검을 선물로 주는 장면에서 이미 등장했던 건물이다. "파고다 같은 건물을 배경에 두기로 했습니다." 우드는 말했다. "실제로 가모라가 살았던 마을에 있던 구조물이죠. 그리고 마을의 중심은 바로 이 정자였죠. 어느 동네나 으레 큰길 끄트머리에는 교회라든가 마을 회관이라든가 사무소 같은 게 있기 마련이잖아요. 우리가 만든 세상 속에서 가모라의 마을은 이처럼 영적인 구조물인 정자를 중심으로 하고 있었습니다. 어린 소녀에게 굉장히 특별하고 안전했던 장소였지만, 지금은 위험한 곳으로 변해버린 거죠. 우리는 이런 핏빛 강을 넣는 등의 다양한 시도를 통해 꿈속 광경이 좀 더 불안하고 몽환적으로 보이도록 만들었습니다."

◂힐 ▴촬영 스틸샷

THANOS 타노스

위 촬영 스틸샷▲ 푸엔테벨라▲

플래터리▲

메이너딩▲

타노스는 자신의 목표를 완수하고 만족한다. "이 장면의 전체 아이디어는 실제로 케빈 파이기와 스튜디오에서 제시했습니다." 우드는 말했다. "제작 첫날부터 파이기가 이번 작품에 관해 처음으로 꺼냈던 주제는 바로 자신의 목표를 이룬 타노스의 모습이었습니다. 타노스는 자신이 자행한 파괴에 어느 정도 유감을 느끼긴 하지만, 그래도 사명을 완수한 다음 만족한 채 자기가 머물고 싶었던 곳으로 돌아가 버립니다. 아주 목가적이고 평화로운 장소죠. 그는 자신이 거머쥘 수 있는 모든 부귀영화를 등지고 그저 만족감과 성취감만을 품은 채 소박한 삶을 살고자 합니다."

"우리는 필리핀에서 발견한 아름다운 논밭에 주목하여, 타노스가 밭에서 한껏 영근 곡식들을 손가락을 훑는 가운데 그 뒤로 세워진 타노스의 오두막이 이 목가적 풍경을 높은 곳에서 내려다보는 모습을 구상했습니다. 이처럼 그는 논밭 한가운데 살면서 소박한 음식을 먹고 아름다운 석양을 보며 휴식을 취합니다. 정말 모든 게 완벽한 순간입니다."

▲ 메이너딩

▲ 촬영 스틸샷

THE CHILDREN OF THANOS 타노스의 아이들

타노스도 혼자서 인피니티 스톤을 쫓지는 않는다. 그는 에보니 모, 프록시마 미드나이트, 컬 옵시디언 그리고 콜버스 글레이브와 같은 자식들의 도움을 받아 움직인다. 타노스는 자신이 정복한 행성에서 아이들을 입양한 다음, 정신과 육체 양면 모두 완벽한 살인 기계로 키워내 자신의 사명에 철저히 따르도록 만든다.

〈어벤져스: 인피니티 워〉의 제작자들은 원작 만화에 등장했던 타노스의 아이들을 강력한 적수로 등장시키려 했지만, 그중에서도 타노스의 존재감을 떨어뜨리는 자는 없어야 했다. "타노스의 아이들을 마블 시네마틱 유니버스에 등장시키기 위해 상당한 노력을 기울였습니다." 공동 감독 조 루소는 말했다. "제 생각에 조너선 힉맨(마블의 만화가)의 연재본에 등장했던 타노스의 아이들은 지나치게 강했습니다. 조연 빌런이 주연 빌런의 존재감을 퇴색시키는 건 아무도 원하지 않죠. 또한 전투력도 히어로들과 맞붙었을 때 흥미진진한 싸움이 될 정도로 적절히 조정했습니다."

"원작 만화의 블랙 오더는 그다지 유명한 캐릭터들이 아닙니다." 시각 개발 팀장 라이언 메이너딩은 말했다. "처음에는 이 캐릭터들을 보면서 '타노스의 행동 대장들을 데리고 우주 어벤져스를 만들려면 어떻게 해야 할까?'라고 탐구해본 것 같아요. 타노스는 지금껏 행성들을 누비며 수많은 사람들을 학살했지만, 놀라운 무용을 보여주는 전사나 엄청나게 강력한 자를 발견하면 직접 입양해서 자신의 밑으로 들이는 쪽을 선택했습니다. 이처럼 블랙 오더는 시초부터 '우주 악당 어벤져스'처럼 결성된 겁니다."

촬영 스틸샷 ▲ 맨드라지에프 ▸

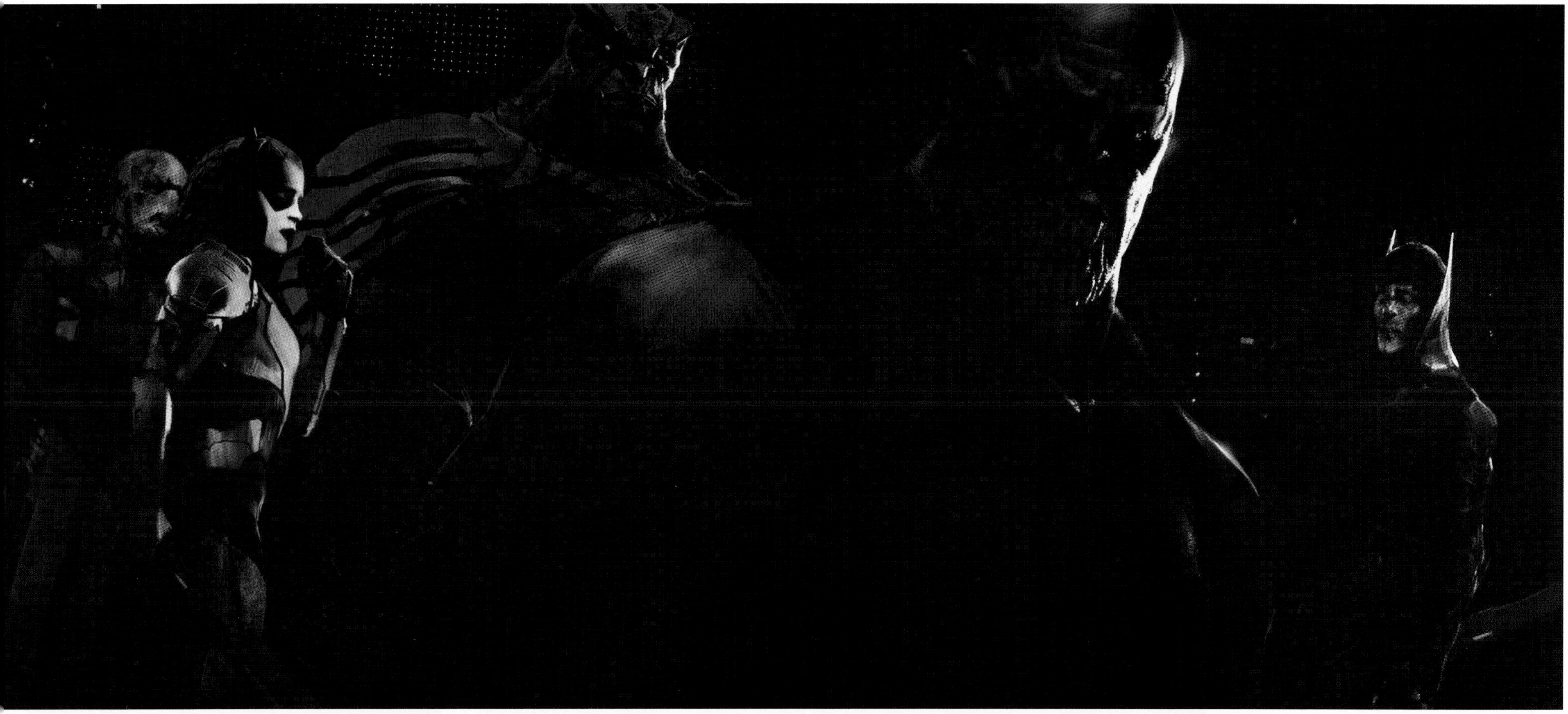

E B O N Y M A W 에보니 모

정신 조종과 염력을 가진 에보니 모는 계산적인 면모를 통해 자신의 적보다 언제나 한 수 앞서는 모습을 보여준다. "제작진은 영화에서 에보니 모를 마치 타노스의 대변자와 같은 모습으로 만들어 냈는데, 정말 믿을 수 없을 정도로 잘 어울린 것 같아요." 라이언 메이너딩은 말했다. "에보니 모는 분명 타노스의 아이들 중에 영화 속에서 가장 잘 표현된 인물이며 그가 다른 인물들과 소통을 하거나 대사를 주고받는 장면은 정말 굉장했습니다. 특히 아이언맨과 닥터 스트레인지와는 놀라울 정도로 잘 어울렸죠."

결국 아이언맨과 스파이더맨은 우주로 납치당한 닥터 스트레인지를 구하는 위험천만한 작전 도중 에보니 모의 허점을 찔러 그에게 최후를 선사한다.

메이너딩 ▲

위 촬영 스틸샷, 아래 메이너딩 ▲

▲ 버트

▲ 위 버트, 아래 메이너딩

▲ 메란츠

위 촬영 스틸샷, 아래 맨드라지예프 ▲

버트 ▲

프록시마 미드나이트는 능숙한 창술로 적들을 상대한다. 제작자들은 세심한 작업을 통해 원작 만화 속 프록시마의 개성적인 디자인을 영화 속으로 옮겼다. "만화 속의 프록시마는 머리 양옆으로 커다랗고 검은 날개 장식이 달린 투구를 쓰고 나옵니다." 콘셉트 아티스트 웨슬리 버트는 말했다. "처음에는 다양한 모양의 헬멧들을 만들어보는 쪽으로 구상해보던 중 〈토르: 라그나로크〉에서 선보였던 헬라의 디자인이나 형상과는 차별화하는 쪽으로 가닥을 잡았습니다. 그래서 헬멧의 날개 장식을 실제 머리의 일부로 포함시키면서 프록시마를 지금껏 영화에서 등장한 적 없는 새로운 외계 종족으로 만들 수 있었습니다."

"거기서부터 다양한 두상 디자인을 시험해보면서 인간적인 외모와 외계인 같은 외모의 비율을 조정해보았습니다. 그중에는 색다른 특징과 질감을 추가하고 인간적인 외모는 줄여서 훨씬 외계인처럼 보이는 모습도 있었고, 반대로 모션 캡처를 맡은 배우의 외모까지 어느 정도 본뜰 정도로 인간적인 모습도 있었습니다. 부드러운 여성적 면모를 어느 정도 유지하는 동시에 강력하고 굳건한 느낌을 살려내는 건 꽤 재미있으면서도 흥미로운 과제였습니다."

프록시마 미드나이트는 결국 와칸다 전투에서 전사한다.

▲ 허먼

▲ 메란츠

CULL OBSIDIAN 컬 옵시디언

컬 옵시디언은 덩치만큼이나 험악한 성질머리 때문에 말보다 주먹이 앞서는 성격을 갖고 있다.

“컬 옵시디언의 두상 작업은 정말 재미있었습니다.” 라이언 메이너딩은 말했다. “굉장히 많은 텍스처를 사용했죠. 원작 만화의 디자인도 상당히 재미있는 점이 많아서, 이런 요소들을 영상으로 변주해 최대한 괴물처럼 만들면서도 실감 나는 생명체처럼 느껴지도록 디자인하려 했습니다. 너무 무섭지도 않고 사악해 보이지도 않게 말입니다. 그러면서도 MCU에 자연스럽게 녹아드는 생명력을 부여하는 작업이란 정말 재미있었습니다.”

이처럼 타노스의 야만적인 자식은 와칸다 전투에서 헐크의 놀라운 힘에 패배한 것이 아니라, 헐크의 소심한 인격인 브루스 배너가 헐크버스터를 통해 발휘한 재치에 패배하고 만다.

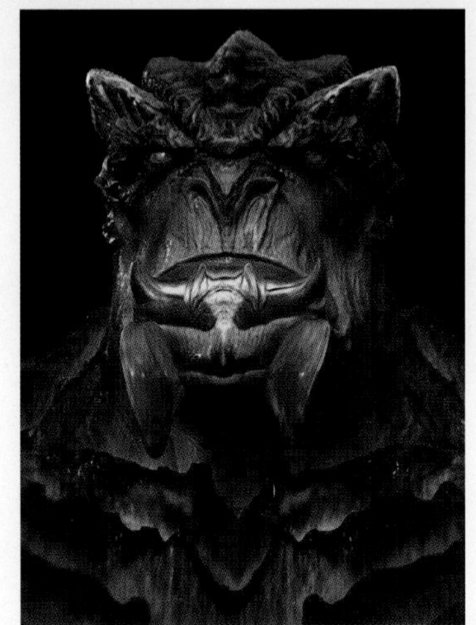

메이너딩 ▲

촬영 스틸샷 ▲

▲ 버트

▲ 허먼

콜버스 글레이브는 타노스의 아이들 중에 전술 전문가로 활동하며 자신과 이름이 같은 글레이브(언월도)를 자유자재로 휘두른다. "타노스의 아이들 중에 콜버스는 디자인 과정을 거친 후에도 원작의 모습을 가장 많이 유지한 캐릭터입니다." 버트는 말했다. "외모 값 분석은 쉽게 끝냈고 영화 속 모습에서 보여줄 멋진 세부 묘사를 하는 데 더 많은 공을 들였어요. 망토에 달린 모자나 두상에 박혀 있는 금속 조각은 캐릭터 디자인에 상당한 개성을 부여해줬기 때문에, 이런 요소를 좀 더 현실적으로 표현할 수 있는 다양한 접근법을 사용했어요. 원작 만화책에서는 이 금속들이 그냥 허공에 떠 있는 것으로 묘사되었지만, 여기서는 모자 안쪽을 지탱하는 골조에 붙어 있기 때문에 머리를 감싸는 것처럼 보이도록 디자인했죠. 얼굴은 만화책에서의 모습을 담아내려는 노력도 중요했지만 그렇다고 너무 우주 흡혈귀 같은 느낌을 줘서는 안 됐어요. 얼굴의 특징과 표정을 표현하는 등 다양한 방법을 통해 콜버스가 외계인같은 느낌을 주도록 만드는 데 많은 관심을 기울였죠. 그리고 정말 다양한 디자인의 모자와 섬유에 대한 아이디어들을 시험해보았고, 심지어는 이 모자가 머리에 씌워질 방식에 대해서도 고민해보았습니다."

메이너딩 ▲

▲ 메이너딩

▲ 버트

THE AVENGERS 어벤져스

어벤져스와 조력자들은 타노스의 수하들을 물리쳤지만, 타노스는 목표를 이루는 데 성공한다. 히어로들은 하나하나 쓰러져 간다. "히어로들은 힘을 하나로 합치지 못했습니다. 이처럼 서로 분열되어 있던 것은 분명 히어로들이 패배하게 된 가장 큰 이유 중 하나죠." 라이언 메이너딩은 말했다.

매드 타이탄은 손가락을 한 번 튕겨서 우주의 생명체 중 절반을 즉시 지워버린다. 그 희생자에는 어벤져스와 가디언즈 오브 갤럭시의 구성원들도 있었다. "우리는 타노스가 저지른 만행의 결과를 예상치 못한 방식으로 확인하면서, 지금껏 〈페이즈 1〉, 〈페이즈 2〉 그리고 〈페이즈 3〉 등 총 22편의 영화를 통해 전개해온 하나의 줄거리의 진정한 결말로 향해 갈 것입니다." 총괄 제작자 겸 마블 스튜디오의 사장인 케빈 파이기가 설명했다. "그게 〈어벤져스: 엔드게임〉의 주제입니다. 지난 10년 동안 각 캐릭터들이 걸어왔던 줄거리에 결말을 부여하는 것이죠."

일단 딱 한 가지, 핑거 스냅의 생존자들이 다시 한번 뭉쳐서 타노스를 물리칠 것이라는 점은 확실하다.

◂ 왼쪽 위 **스타웁**, 오른쪽 위와 왼쪽 아래 **촬영 스틸샷**, 오른쪽 아래 **메이너딩**

▴ 위 **손더스**, 아래 **촬영 스틸샷**

▴ **손더스**

IRON MAN 아이언맨

TONY STARK 토니 스타크

"토니 스타크는 모두의 대부나 다름 없습니다." 마블 스튜디오의 부사장 루이스 데스포지토는 말했다. "그리고 〈어벤져스: 인피니티 워〉에서에서 벌어진 참사를 해결하기 위해서는 다들 토니가, 토니의 지능과 지휘가 필요합니다. 하지만 〈어벤져스: 엔드게임〉에서는 분명한 문제가 하나 있죠. 바로 어벤져스 중 많은 동료들이 더 이상 함께할 수 없다는 겁니다."

손더스 ■

▲ 위 손더스, 아래 그라노브

▲ 촬영 스틸샷

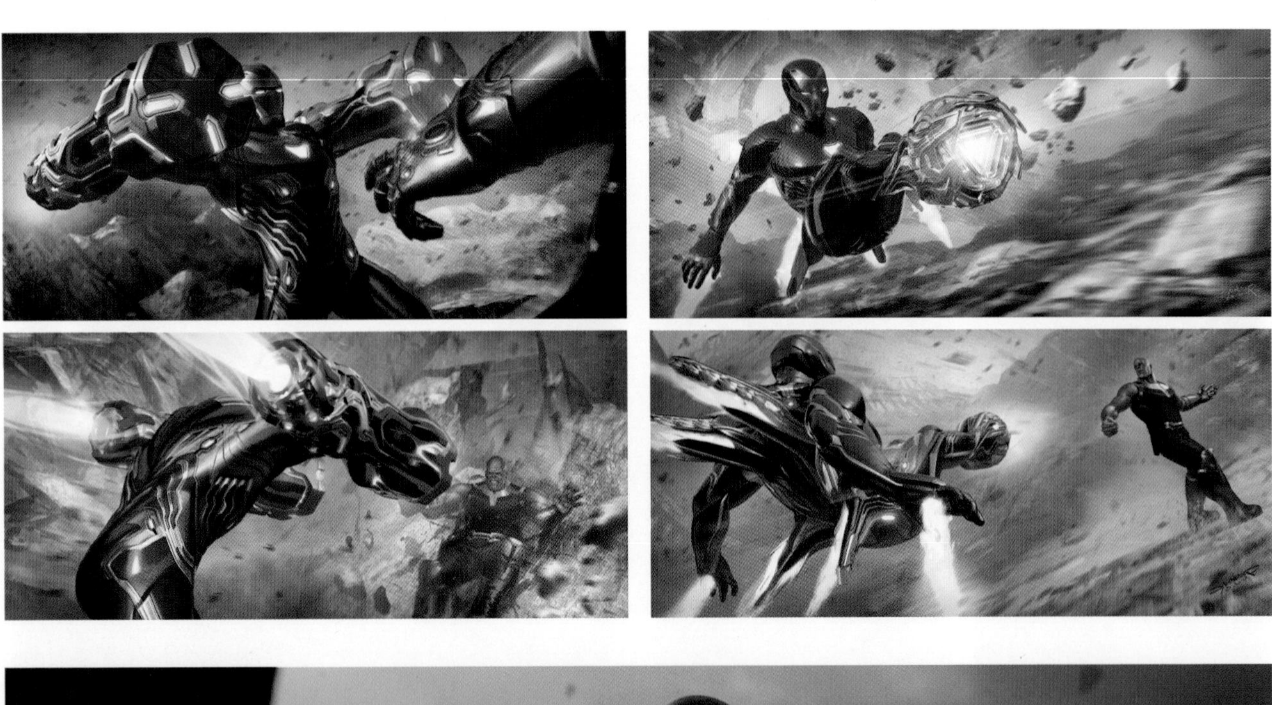

위 **손더스**, 중간과 아래 **촬영 스틸샷** ▲

위 **그라노브**, 아래 **버트** ▲

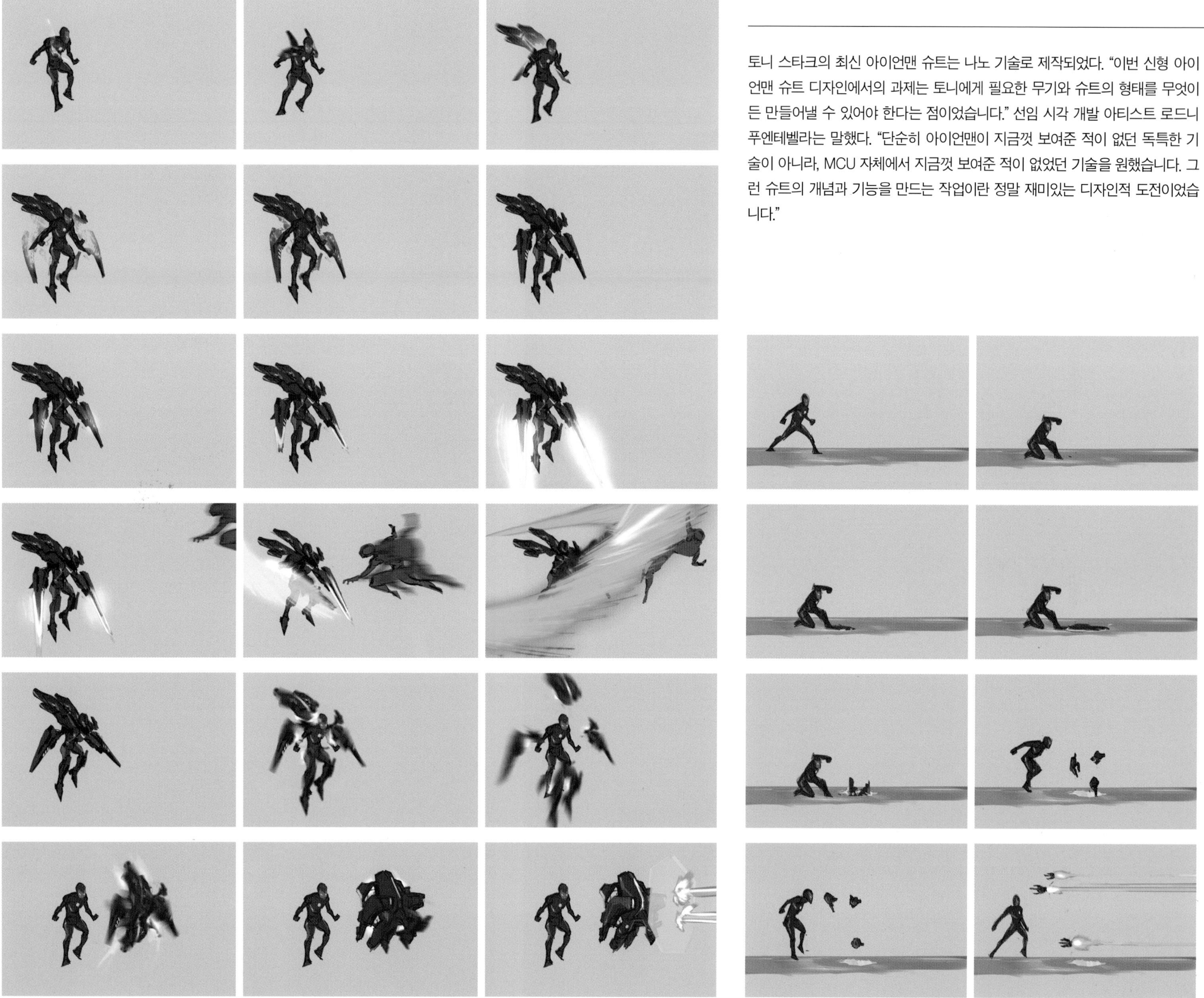

토니 스타크의 최신 아이언맨 슈트는 나노 기술로 제작되었다. “이번 신형 아이언맨 슈트 디자인에서의 과제는 토니에게 필요한 무기와 슈트의 형태를 무엇이든 만들어낼 수 있어야 한다는 점이었습니다.” 선임 시각 개발 아티스트 로드니 푸엔테벨라는 말했다. “단순히 아이언맨이 지금껏 보여준 적이 없던 독특한 기술이 아니라, MCU 자체에서 지금껏 보여준 적이 없었던 기술을 원했습니다. 그런 슈트의 개념과 기능을 만드는 작업이란 정말 재미있는 디자인적 도전이었습니다.”

■ 푸엔테벨라

◂ 메이너딩

촬영 스틸샷 ▴

CAPTAIN AMERICA 캡틴 아메리카

STEVE ROGERS 스티브 로저스

죽마고우인 버키 반즈와 새로 얻은 조력자인 샘 윌슨을 모두 잃은 캡틴 아메리카, 곧 생명에 값을 매기지 않는 이 사내는 크나큰 상실감을 느낀다. "캡틴이 가장 큰 시련을 겪는 순간이 아닌가 싶습니다." 라이언 메이너딩은 말했다. "캡틴 아메리카는 〈어벤져스: 인피니티 워〉가 시작하던 시점에서도 여전히 자신에게 요구되는 역할인 영웅, 군인이자 슈퍼 히어로가 되려고 했습니다. 하지만 그는 자신의 신념을 고수하다가 크나큰 대가를 치렀다고 느끼게 됩니다. 물론 다시 시간을 돌린다 해도 캡틴 아메리카가 자신의 결정을 번복할 거라고 생각하지는 않지만, 그래도 그로 인한 결과는 여전히 캡틴의 어깨를 무겁게 짓누를 겁니다."

▲ 촬영 스틸샷

▲ 메이너딩

"캡틴이 〈어벤져스: 인피니티 워〉에서 보여준 모습은 예전과 확실히 거리감이 있습니다." 메이너딩은 말했다. "똑같은 복장이지만 온통 더럽고, 해지고, 찢어졌죠. 또 턱수염을 기르고 머리도 더 길어진 모습은 〈어벤져스: 인피니티 워〉의 캡틴이 확실히 다른 사람이라는 점을 보여주는 장치입니다. 그 다음은 이번 영화의 비주얼에서 항상 재미있는 부분이었습니다."

"캡틴의 복장에서 각종 장식을 떼내어 더 굳세고 강한 모습을 보여준다는 생각은 언제나 괜찮아 보였습니다. 캡틴이 〈어벤져스: 인피니티 워〉에서 보여준 복장은 외피에 구멍이 숭숭 뚫려 있어서 밑에 받쳐 입은 비늘형 방탄복이 보일 지경입니다. 자세히 봐야 보이긴 하지만 분명하게 드러나 있죠. 이 복장은 원작 만화로부터 힌트를 얻었으며, 캡틴의 다음 등장에서는 이런 점이 잘 보였으면 좋겠네요."

■ 메이너딩

BLACK WIDOW 블랙 위도우

NATASHA ROMANOFF 나타샤 로마노프

나타샤 로마노프는 타노스의 핑거 스냅으로 인한 참사를 되돌리기 위해 다시 한번 날렵하고 실용적인 디자인의 복장을 하고 나올 것이다. "나타샤는 스파이죠." 마블 스튜디오의 시각 개발 감독 앤디 박은 말했다. "그녀의 복장은 예전 스파이 시절과 KGB 시절, 쉴드 시절 그리고 쉴드가 해체된 시절이 조금씩 섞여 있는 형태입니다. 외모는 여전히 비슷하겠지만 그건 어디까지나 나타샤 본인의 취향이 반영된 거라고 생각해요."

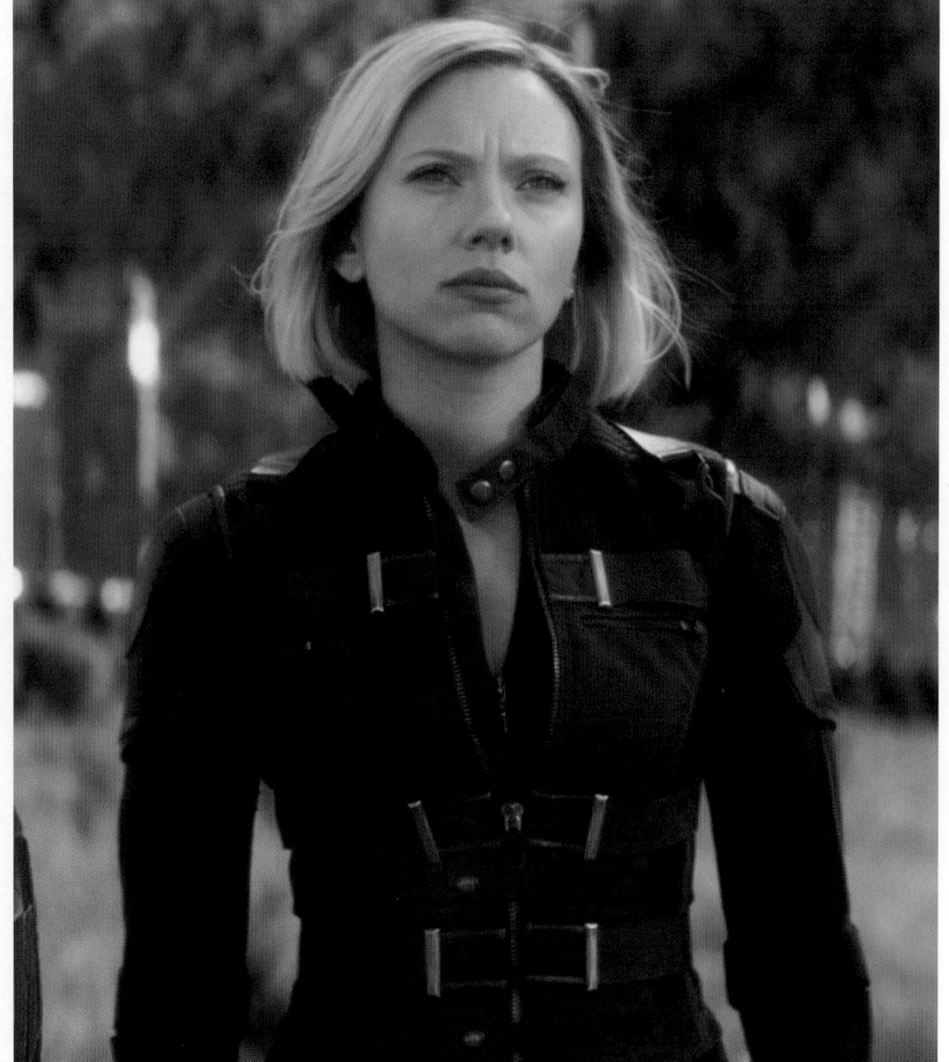

박 ▲

촬영 스틸샷 ▲ 왼쪽 촬영 스틸샷, 오른쪽 박 ▶

왼쪽 위 메이너딩, 오른쪽 위 촬영 스틸샷 ▲ 아래 스타웁 ▲ 메이너딩 ▶

THOR 토르

〈어벤져스: 인피니티 워〉에서 토르의 모습은 다시 한번 변한다. "찰리 웬은 처음부터 정말 멋지고 최첨단 기술의 인상이 물씬 풍기는 인상과 원작 만화책에서의 외모를 잘 조화시킨 토르의 모습을 만들었습니다." 라이언 메이너딩은 말했다. "〈토르: 다크 월드〉에서 등장했던 갑옷은 아스가르드와 토르의 인상을 탄탄하게 살려내는 미학을 띠고 있었으며 〈어벤져스: 에이지 오브 울트론〉에서도 똑같이 멋진 모습을 보여줬죠. 그러다 〈토르: 라그나로크〉를 제작할 때는 '이번에는 뭔가 다른 걸 해볼까?' 하는 생각이 들었는데, 그 작품에서도 앤디 박과 담당 팀이 정말 색다르고 독특한 모습을 만들어낸 것 같아요. 〈어벤져스: 인피니티 워〉에서도 몇 가지 바뀐 점이 있었습니다."

"우선 머리를 짧게 자른 토르의 신선한 모습을 그대로 유지했습니다. 이를 통해 〈토르: 라그나로크〉로부터 시간이 얼마 지나지 않았다는 것을 보여주며 지난 작품에서 일어났던 사건의 무게감을 유지하지만, 루소 형제의 영화에서는 여기에 침울하고 암담한 느낌을 더하기로 했습니다. 그래서 토르에게 검은색 원판이 부착된 흉갑을 입힌다면 시련을 겪고 있는 토르의 입장을 잘 표현할 수 있을 거라 생각했으며 루소 형제도 이 스타일을 좋아했습니다. 두 사람은 단순하고 암담한 스타일을 좋아하죠."

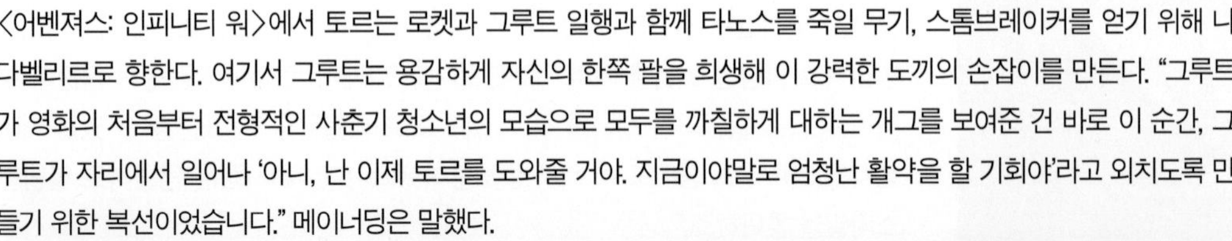

〈어벤져스: 인피니티 워〉에서 토르는 로켓과 그루트 일행과 함께 타노스를 죽일 무기, 스톰브레이커를 얻기 위해 니다벨리르로 향한다. 여기서 그루트는 용감하게 자신의 한쪽 팔을 희생해 이 강력한 도끼의 손잡이를 만든다. "그루트가 영화의 처음부터 전형적인 사춘기 청소년의 모습으로 모두를 까칠하게 대하는 개그를 보여준 건 바로 이 순간, 그루트가 자리에서 일어나 '아니, 난 이제 토르를 도와줄 거야. 지금이야말로 엄청난 활약을 할 기회야'라고 외치도록 만들기 위한 복선이었습니다." 메이너딩은 말했다.

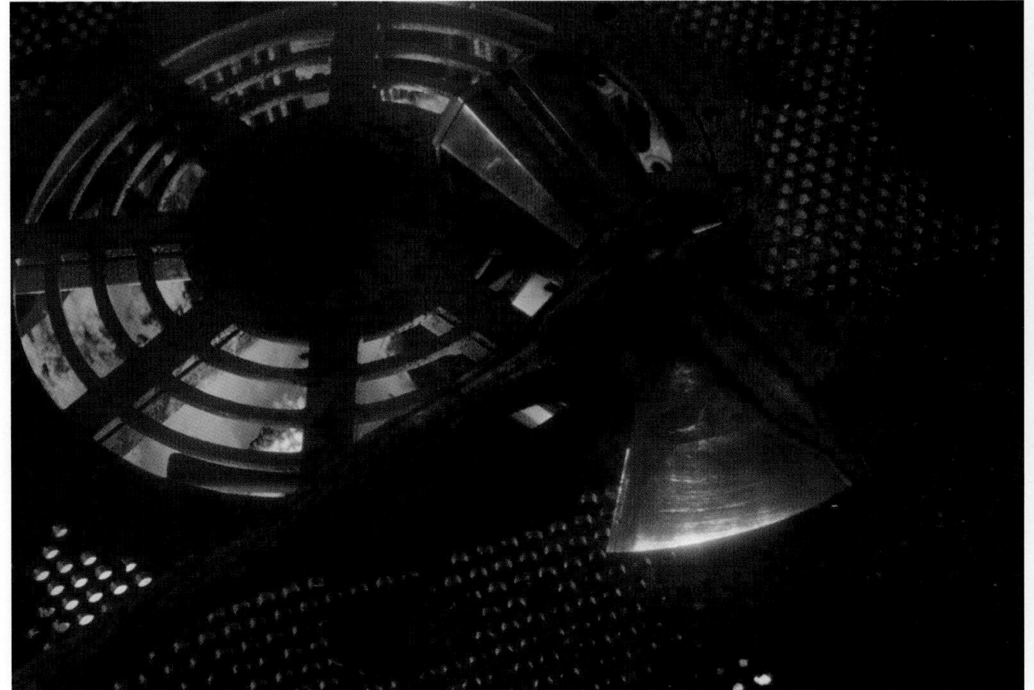

촬영 스틸샷 ▲

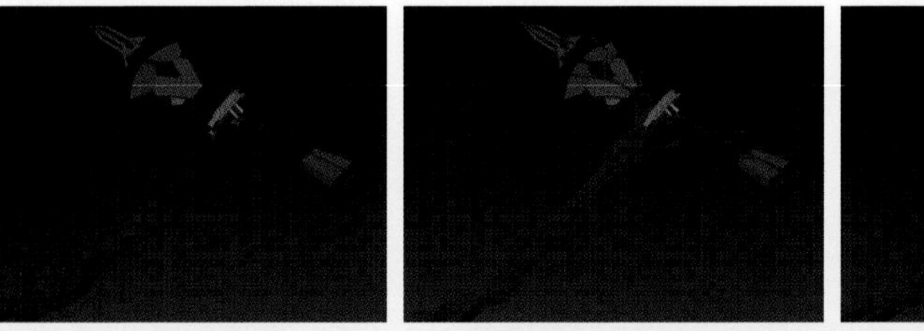

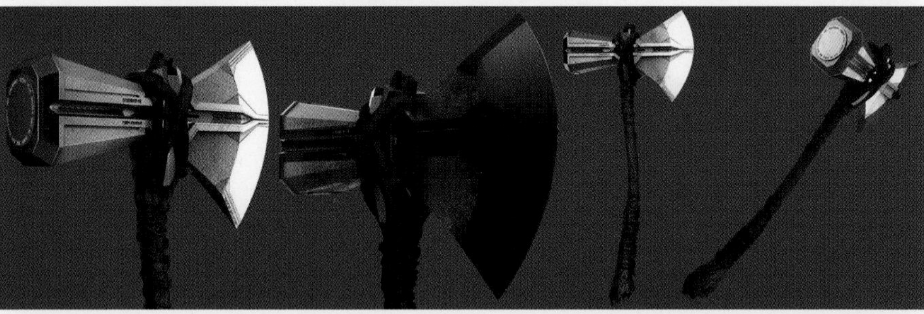

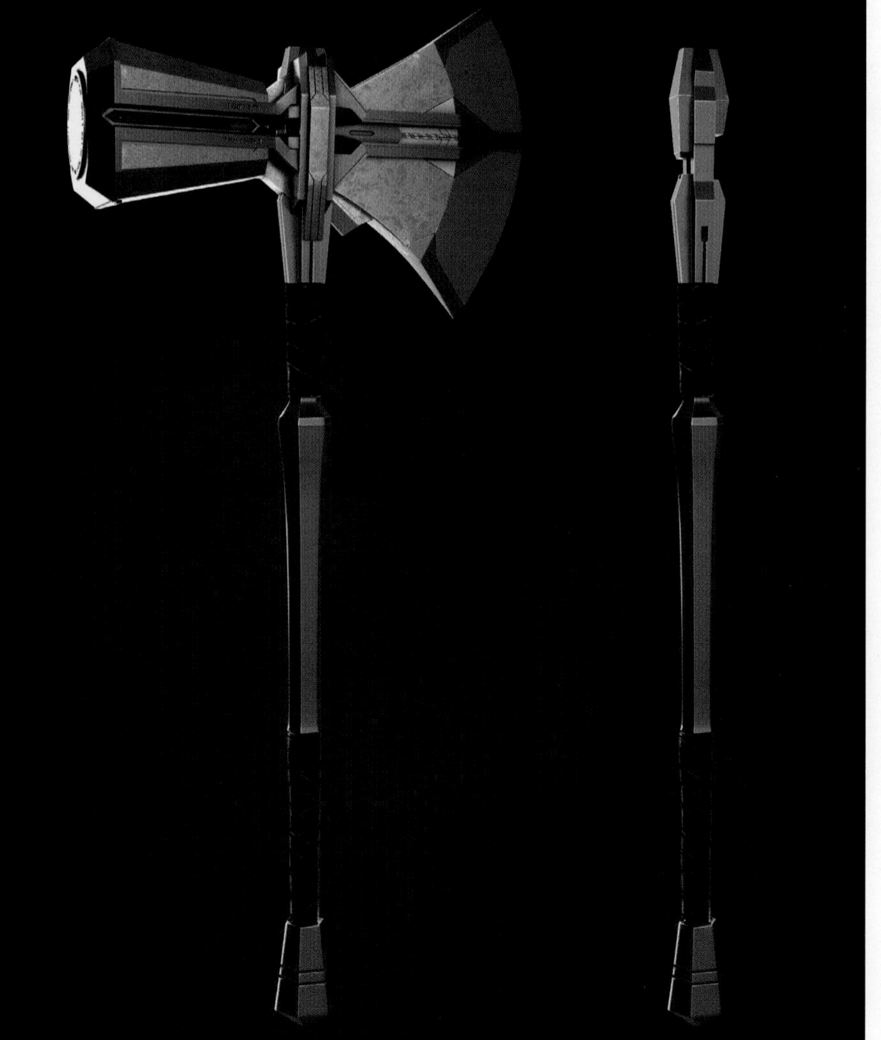

위 로스 ▲ 중간과 아래 메이너딩 ▲

"제작자들은 토르가 스톰브레이커를 쥐고 완전한 힘을 되찾았을 때 가슴의 원판이 번개로 이글거리길 바랐습니다." 메이너딩은 말했다. "토르가 자신의 중대한 사명을 수행하기 위해 만들어진 스톰브레이커를 손에 쥐고 스스로의 진정한 면모를 되찾으면, 그 복장에도 위엄찬 모습이 다시 돌아오는 것이죠. 이걸 꽤 멋지게 선보였다고 생각합니다."

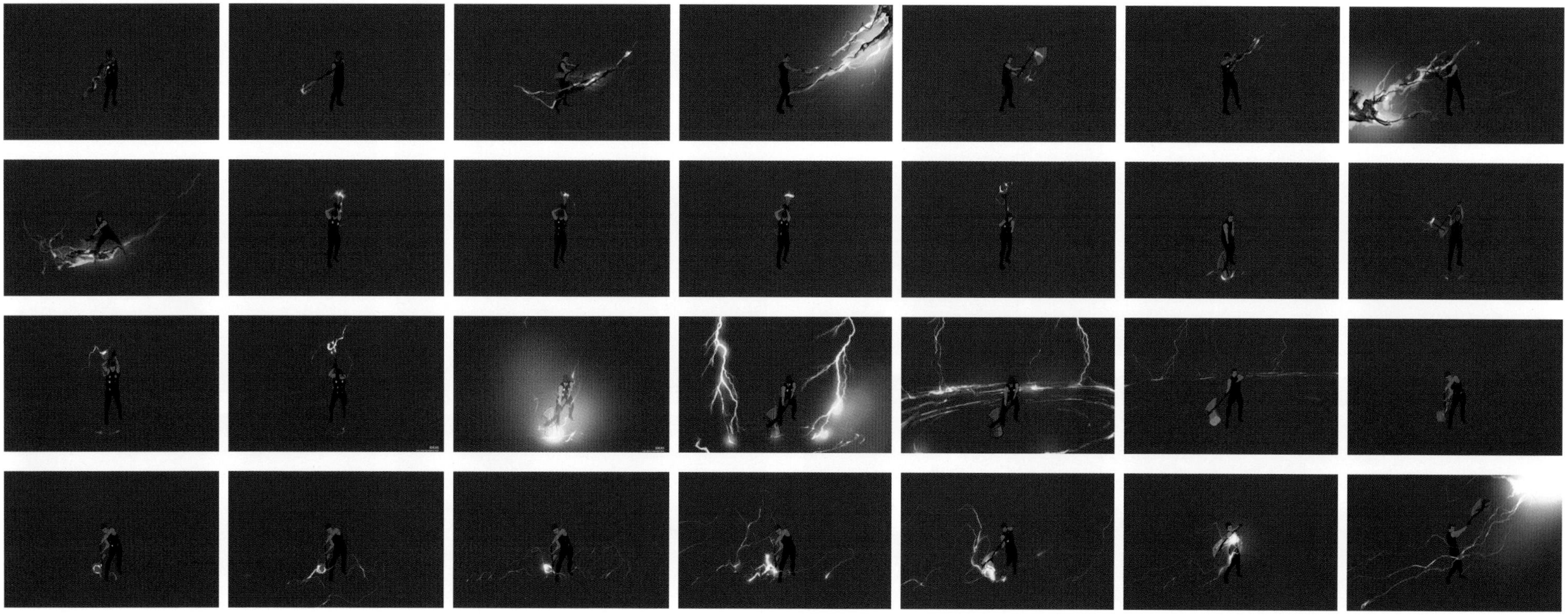

▲ 왼쪽 위와 아래 **푸엔테벨라** ▲ 오른쪽 위 **촬영 스틸샷**

HULKBUSTER 헐크버스터

BRUCE BANNER 브루스 배너

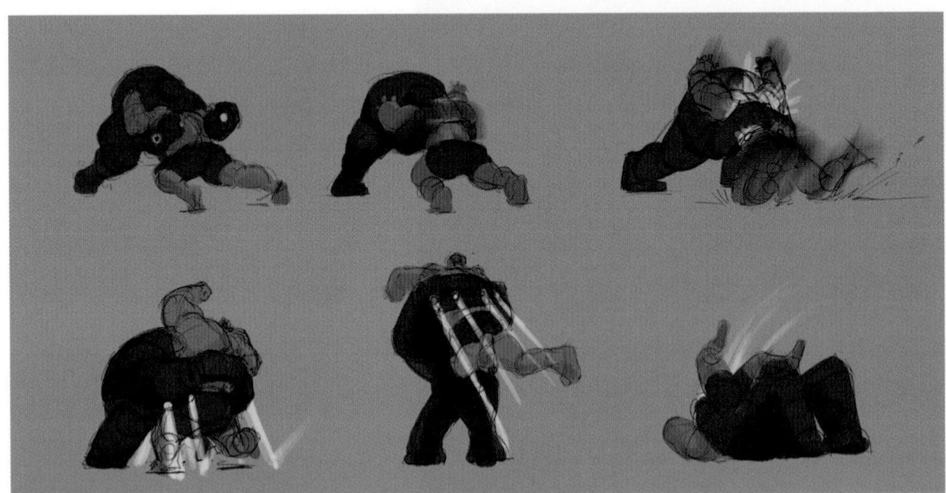

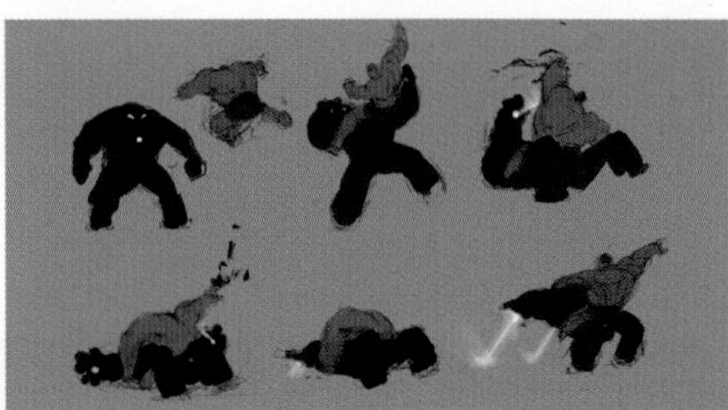

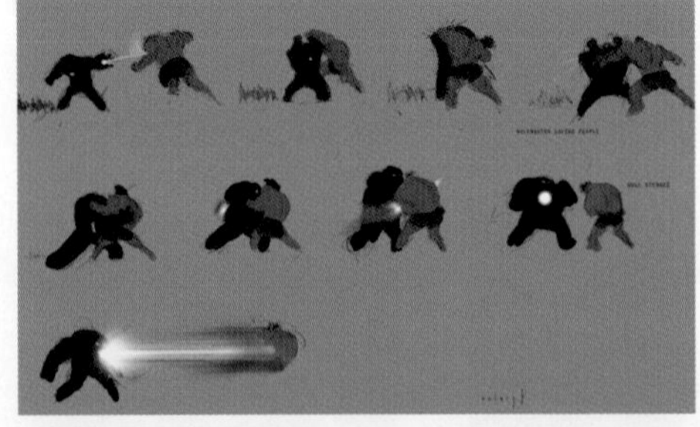

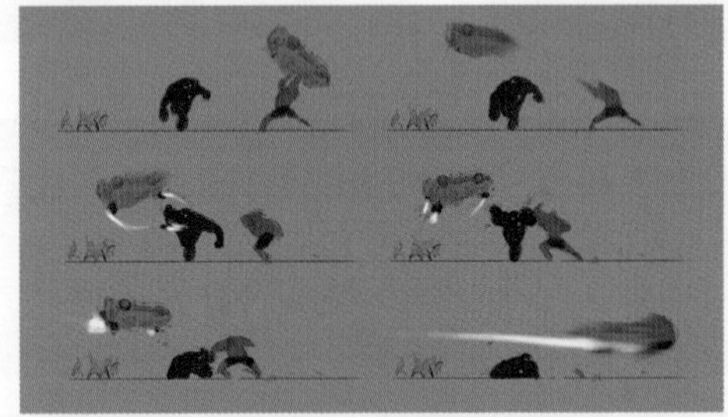

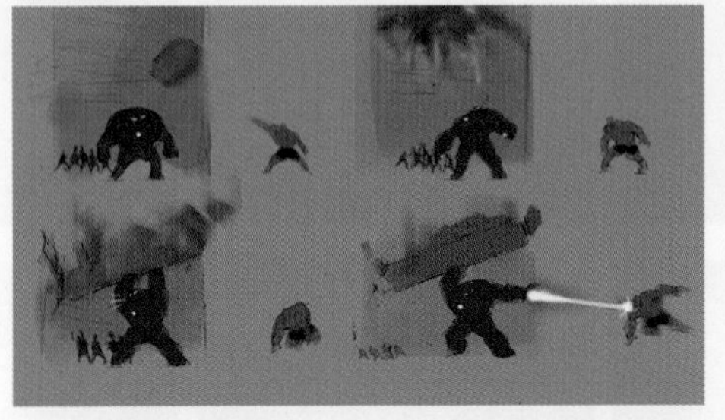

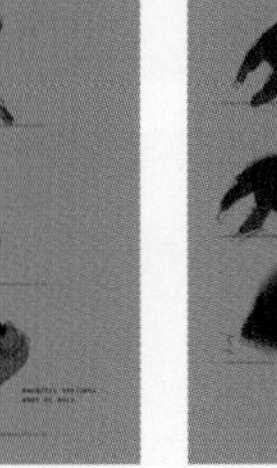

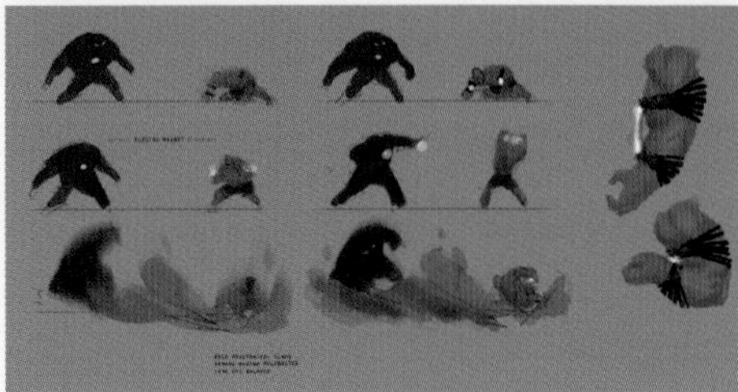

위 푸엔테벨라, 중간과 아래 촬영 스틸샷 ▲

푸엔테벨라 ▲

브루스 배너는 와칸다 전투에서 헐크의 힘을 불러낼 수 없었기에, 대신 토니 스타크의 헐크버스터 슈트를 입고 싸움에 임한다. 인간과 괴물 사이에 점점 커지는 이 분열은 과연 어떤 결과를 불러올까? “〈토르: 라그나로크〉에 등장했던 헐크는 완전한 인간성을 갖춘 쪽에 가깝습니다.” 라이언 메이너딩은 말했다. “지금껏 원작 만화나 영화에서 등장했던 것처럼 그저 분노에 미쳐 날뛰는 괴물이 아니죠. 개그 신도 몇 차례 보여주고 실질적인 대사도 있었으며, 이런 인간적 성장은 헐크 역시 분명한 의식을 가졌으며 온전한 인격체로서 남아 있고 싶어한다는 걸 보여줍니다. 그렇기에 헐크와 배너가 벌이는 갈등은 정말 실감나게 느껴지죠. 헐크는 더 이상 배너의 내면에 응어리진 녹색 분노 덩어리에 불과하지 않고 자신만의 사고, 감정, 동기와 욕망을 가진 녹색 괴물이 되었습니다. 이런 과정을 보고 헐크를 더 이상 마음대로 조종할 수 없게 되었다는 걸 알게 된 배너와 헐크가 서로 갈등을 풀어나갈 과정은 굉장히 재미있을 것 같네요.”

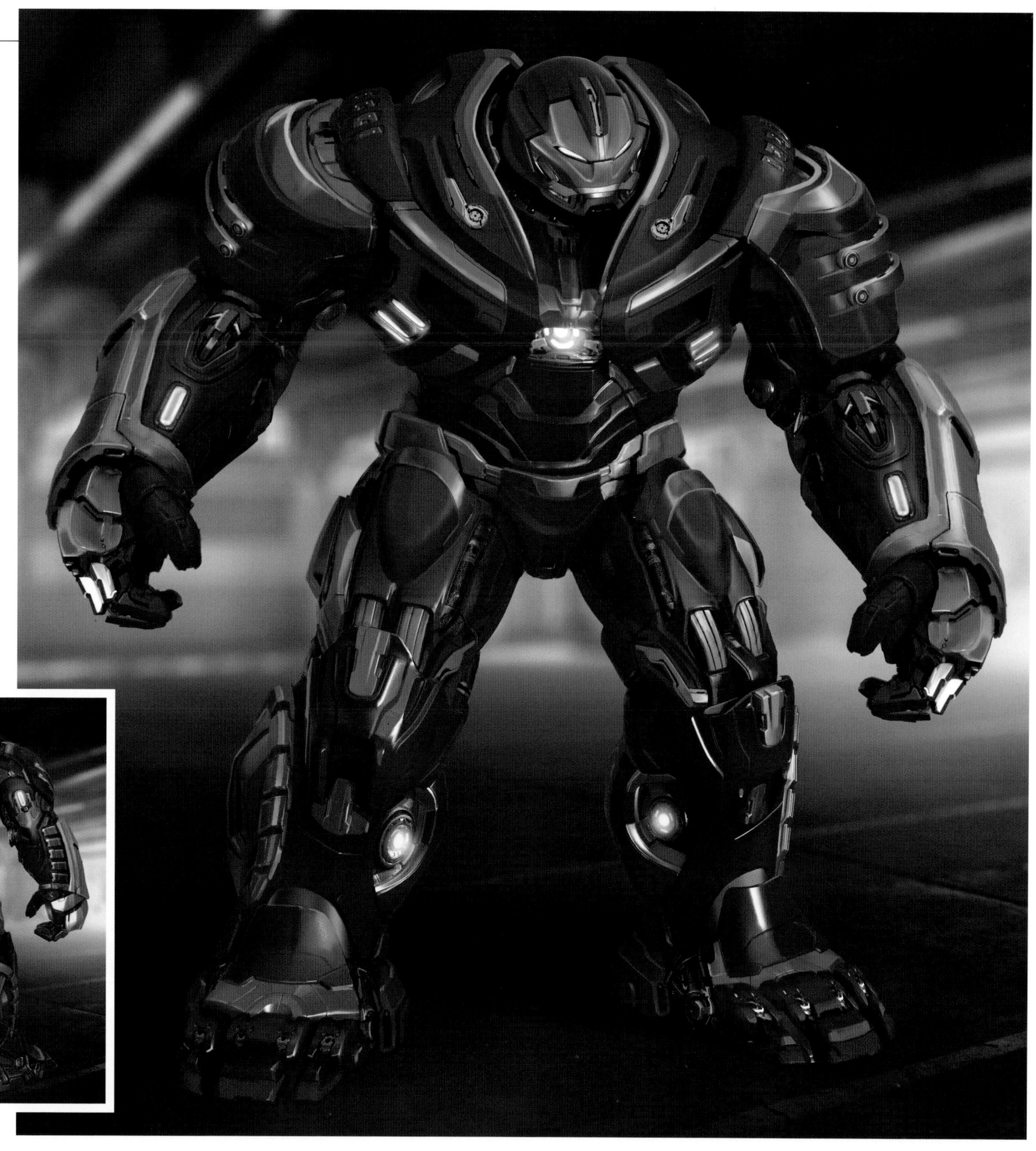

■ 니치

WAR MACHINE 워머신

JAMES RHODES 제임스 로즈

<캡틴 아메리카: 시빌 워>에서 치명적인 등 부상을 입은 제임스 "로디" 로즈는 앞으로 워머신 슈트를 절대 입지 못하리라는 진단을 받았으나, 스타크 인더스트리의 첨단 기술로부터 도움을 받아 타노스에 맞선 싸움에 참여할 수 있게 되었다. 이제 로디는 핑거 스냅의 생존자 중 한 명으로 자신의 능력을 발휘해 다른 히어로들과 함께 타노스를 물리치려 나선다.

로디의 워머신 슈트는 아이언맨 슈트와 전혀 다르게 디자인되었다. "아이언맨이 마크50 슈트에 온갖 다양한 무기들을 탑재하고 다니는 반면, 워머신에게는 다양한 무기를 장착시키되 나노 기술처럼 마법 같은 무기는 지양했습니다." 콘셉트 아티스트 필 손더스는 말했다. "워머신은 아이언맨과 상반되게 완전히 현실적인 디자인을 갖길 바랐습니다. 또한 이 디자인은 굉장히 빠르게 진행되었는데, 구체적인 이유로는 아이언맨을 너무 유기체처럼 만들었기 때문에 워머신은 좀 더 무미건조하면서 각진 모습을 띠길 바랐기 때문입니다. 무기 수납 공간도 현실적으로 확보해뒀기 때문에 실물로도 재현이 가능한 슈트가 되었습니다. 특수효과만 믿고 도저히 저만한 무기가 들어가지 않을 법한 공간에 무장을 억지로 욱여넣도록 디자인한 게 아니라서, 실제로 슈트를 만들더라도 영화에서 보여준 모습처럼 각종 모형 화기나 로켓 발사기 등을 장착 및 수납하는 게 가능할 것입니다."

촬영 스틸샷▲

▲ 촬영 스틸샷

▲ 손더스

로디는 다리와 허리 부위에 스타크가 직접 제작한 생체 공학 보조기를 장착한 덕분에 척추에 중상을 입었다는 티가 전혀 나지 않으며 마음대로 걸어 다닐 수도 있다.

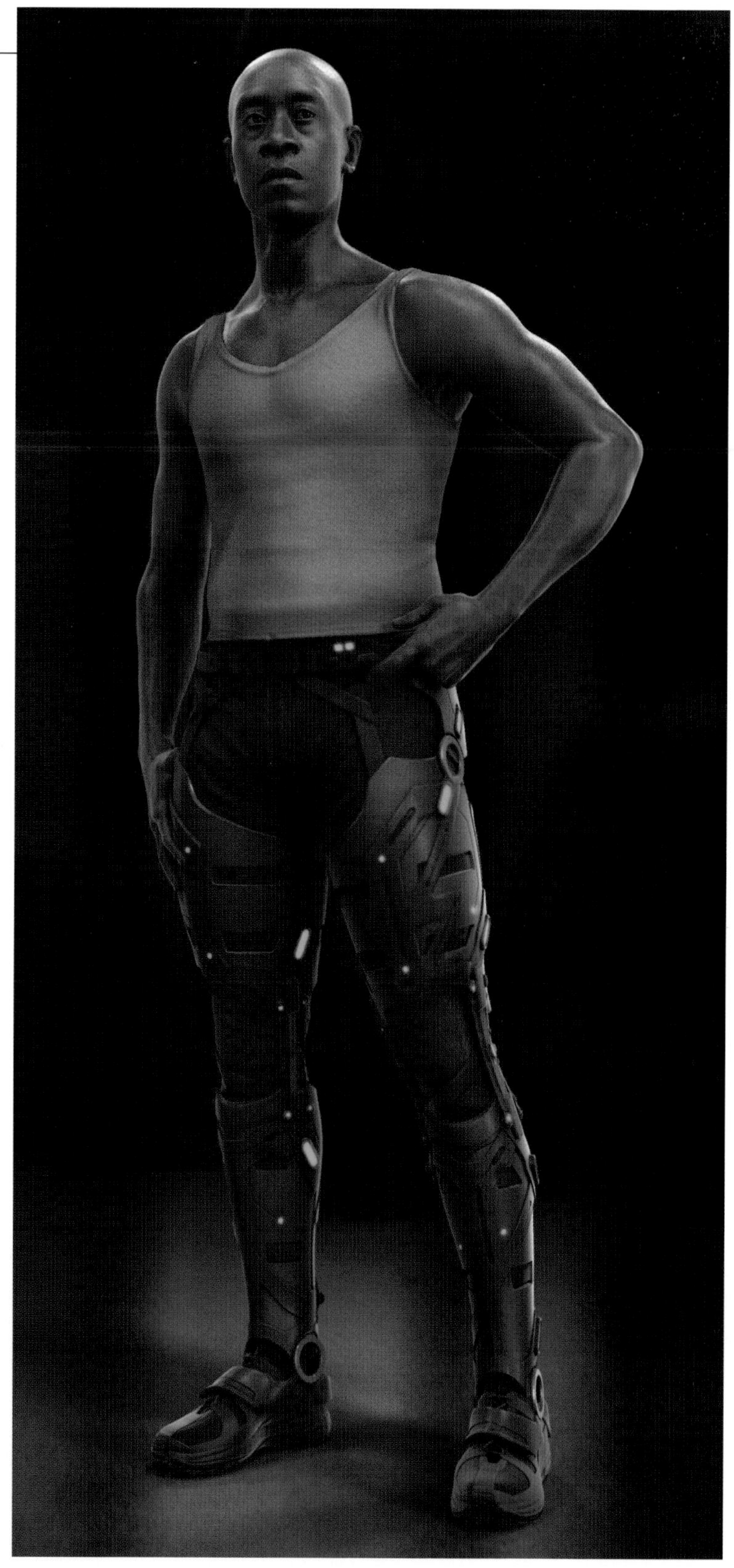

◂ 손더스 ▴ 촬영 스틸샷

▴ 서머스

촬영 스틸샷 ▲

웬 ▲

ROCKET 로켓

로켓은 〈가디언즈 오브 갤럭시〉의 마지막 생존자지만 아직 그 사실을 모르고 있다. 지금은 그루트가 죽었다는 사실만 알 뿐이다. "로켓이 크게 상심한 모습은 둘째치고, 그가 그루트를 다시 되돌리기 위해 어떤 방법이든 필사적으로 시도하는 모습을 상상해보았습니다." 선임 콘셉트 일러스트레이터 잭슨 제는 말했다.

〈어벤져스: 인피니티 워〉에 등장했던 로켓의 디자인은 이전 작품에서 보여준 모습을 그대로 따왔다. "로켓의 첫 디자인은 찰리 웬이 맡았었죠. 〈가디언즈 오브 갤럭시 VOL.2〉의 제작팀은 가디언즈 오브 갤럭시의 구성원들에게 좀 더 흥을 부여하고 싶어 했기 때문에, 로켓 역시 그 전까지 입던 실용적인 점프 슈트에서 가죽과 금속이 섞인 복장으로 옷을 갈아입게 되었습니다."

▲ 위 최종 제작 소품, 아래 이브스

▲ 제

NEBULA 네뷸라

위 맨드라지예프 ▲

"네뷸라는 치명적인 살상 병기로 만들어졌습니다." 앤디 박은 말했다. "타노스는 우선 그녀의 온몸을 완전히 갈아버린 다음 육체와 정신을 자신의 목적에 맞게 모조리 뜯어 고쳤습니다. 그녀는 그 이후에도 꽤 역동적인 가족사에 휘말리죠. 타노스라는 끔찍한 아버지를 둔 데다 자기보다 훨씬 더 치명적인 살상 병기인 언니, 가모라에 밀려 항상 2인자가 되어야 했으니 말입니다. 그러니 꽤 슬픈 과거를 가진 셈입니다.

그래서 네뷸라의 스토리가 흥미롭다는 생각이 들었습니다. 덕분에 정말 복잡한 빌런이 되었으니까요. 〈가디언즈 오브 갤럭시〉 1편에서는 분노한 모습을 보여주죠. 하지만 〈가디언즈 오브 갤럭시 VOL.2〉에서는 네뷸라가 정신적으로 거쳐온 과정을, 타노스나 가모라와 함께했던 과거사를 더 보여줍니다. 그녀는 결국 가모라와 화해하고 외로운 암살자가 아니라 팀의 일원이 되는 방법을 배우게 되죠."

이런 가족사는 〈어벤져스: 인피니티 워〉에서 타노스가 네뷸라를 고문하는 걸 막기 위해 가모라가 소울 스톤의 위치를 밝히면서 훨씬 더 복잡해진다. 이런 행동은 결국 가모라 자신이 아버지의 손에 죽음을 맞이하는 결말로 이어진다. "두 자매 사이에는 진정한 사랑이 있는 거죠." 앤디는 말했다. "네뷸라는 그토록 끔찍한 과거사를 겪었으면서도 여전히 마음속에 일말의 사랑이 남아 있었습니다. 이제 그녀는 언니의 복수를 하기 위해 필사적으로 매달리죠. 그렇게 네뷸라도 복수자, 즉 어벤져스의 일원이 됩니다."

촬영 스틸샷 ▲

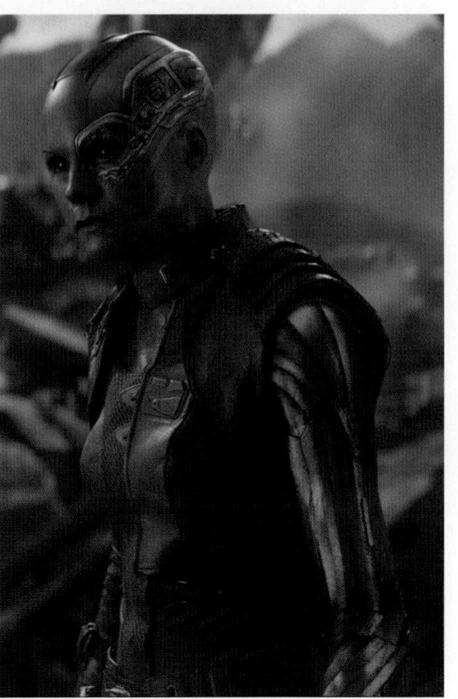

촬영 스틸샷 ▲

◀코델라 ▲박

HEROES RETURN 영웅들의 귀환

<어벤져스: 인피니티 워>에는 엄청난 숫자의 배우들이 출연하지만 그래도 MCU의 히어로들이 모두 등장하지는 않았다. 과연 어떤 히어로들이 타노스에 맞설지 선별하는 작업은 영화 제작자들에게 주어진 크나큰 과제였다. "스토리 관점에서는 활약을 펼치고 조명을 받는 시간이 모든 히어로들에게 한 번씩 주어져야 했습니다. 그렇지 못하면 실망하는 분들이 생길 테니까요." 부사장 겸 제작자 빅토리아 알론소는 말했다. "그리고 이번 작품은 어벤져스인 만큼 그 누구도 실망시켜서는 안 된다는 생각을 갖고 있었지만, 이 영화에는 지금껏 다뤄본 적이 없을 만큼 수많은 캐릭터가 포진해 있었습니다. 서로의 비중을 조정하는 작업이 진행되면서 '이 캐릭터가 이런 활약을 하면 이 캐릭터에게는 어떤 일이 생기고, 또 어느 시점부터 시작해야 할까?'라거나 '이러다가 3시간 반짜리 영화가 되는 거 아냐?' 하는 생각이 끊임없이 들었습니다. 물론 후자의 생각은 애초에 가능성이 없었지만요."

호크아이와 앤트맨은 우주를 구하기 위한 싸움에 참여하지 않았지만 <어벤져스: 엔드게임>에서는 다르다. "호크아이와 앤트맨 그리고 캡틴 마블이 살아남은 히어로들과 합류할 것입니다." <어벤져스: 인피니티 워>와 <어벤져스: 엔드게임>의 총괄 제작자 트린 트란은 말했다. "그래서 <어벤져스: 엔드게임>에 새롭게 소개된 캐릭터들도 어벤져스와 함께할 테죠."

촬영 스틸샷 ▲

박 ■

HAWKEYE 호크아이

CLINT BARTON 클린트 바튼

〈어벤져스: 인피니티 워〉에서는 등장하지 않았던 클린트 바튼은 〈어벤져스: 엔드게임〉에서 다시 돌아왔다. "제 생각에 클린트가 가장 다방면으로 관계를 쌓은 캐릭터인 이유는 그가 너무나 인간적이기 때문입니다." 시각 개발 감독 앤디 박은 말했다. "〈어벤져스: 에이지 오브 울트론〉에서는 아무도 알지 못했던 바튼의 일면과 가족을 볼 수 있었습니다. 그래서 우리는 호크아이를 지극히 뛰어난 사격 솜씨만 가졌을 뿐인 평범한 사람으로 보게 되죠."

원작 만화의 팬들은 바튼이 호크아이 복장이 아니라 로닌의 복장을 입고 활약하는 모습을 빠르게 눈치채고는 이 명사수가 어쩌다가 닌자 전사가 되었는지 갖은 추측을 쏟아냈다. "수많은 의문을 낳은 장면이죠." 앤디는 말했다. "원작 만화에서는 다들 무슨 사건이 원인이 되었는지 알고 있습니다. 하지만 MCU에서는 정말 엄청난 변화로 인한 결과입니다. 그래도 바튼은 여전히 돈독한 우정으로 언제나 친구들을 지켜주는 남자입니다. 캐릭터 면에서는 정말 극적인 변화를 겪지만 여전히 우리가 알던 바로 그 남자가 맞죠. 이런 두 가지 요소를 어떻게 조화시켜야 할까요?"

◂위 촬영 스틸샷, 아래 박 ■박

ANT-MAN 앤트맨

SCOTT LANG 스캇 랭

스캇 랭은 MCU의 다른 캐릭터들에 비해 언제나 작은 모습(비유적으로도, 말 그대로도)만 보여주었다. "앤트맨은 언제나 가족과 관련된 여정을 겪었죠." 앤디 박은 말했다. "스캇에게는 언제나 루이스와 엑스콘 팀이라는 가족이 있었고, 또 호프와 행크라는 새 가족도 만납니다. 하지만 결국 그 모든 사건은 스캇의 딸인 캐시와 연관되어 있었죠. 캐시야말로 스캇이 슈퍼 히어로가 된 동기이자 계속해서 세상을 지키는 원동력입니다. 캐시는 애초에 아빠에게 슈퍼 히어로가 되어도 좋다고 허락해준 장본인이자 자신만 바라보지 말고 좀 더 넓은 세계로 눈을 떠 보라는 동기를 준 인물이죠. 어쨌든 누구나 자신에게 어울리는 인물상, 즉 영웅이 되어야 하지 않겠습니까? 그래서 스캇은 이제 앤트맨이라는, 또 히어로라는 자신의 역할을 완전히 받아들입니다."

◂ 왼쪽 촬영 스틸샷, 오른쪽 박 ▲ 프랜시스코

▲ 위 라마

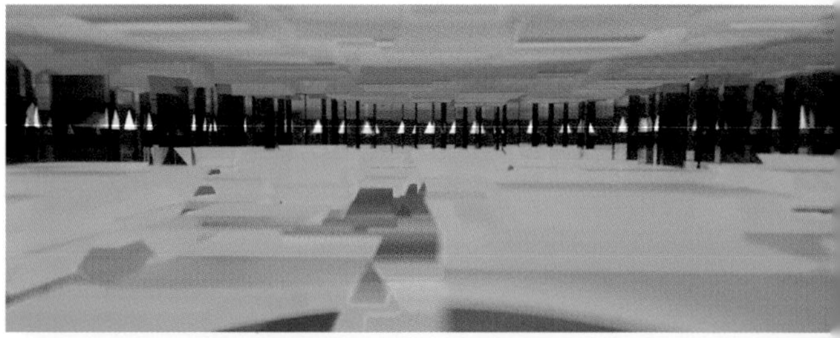

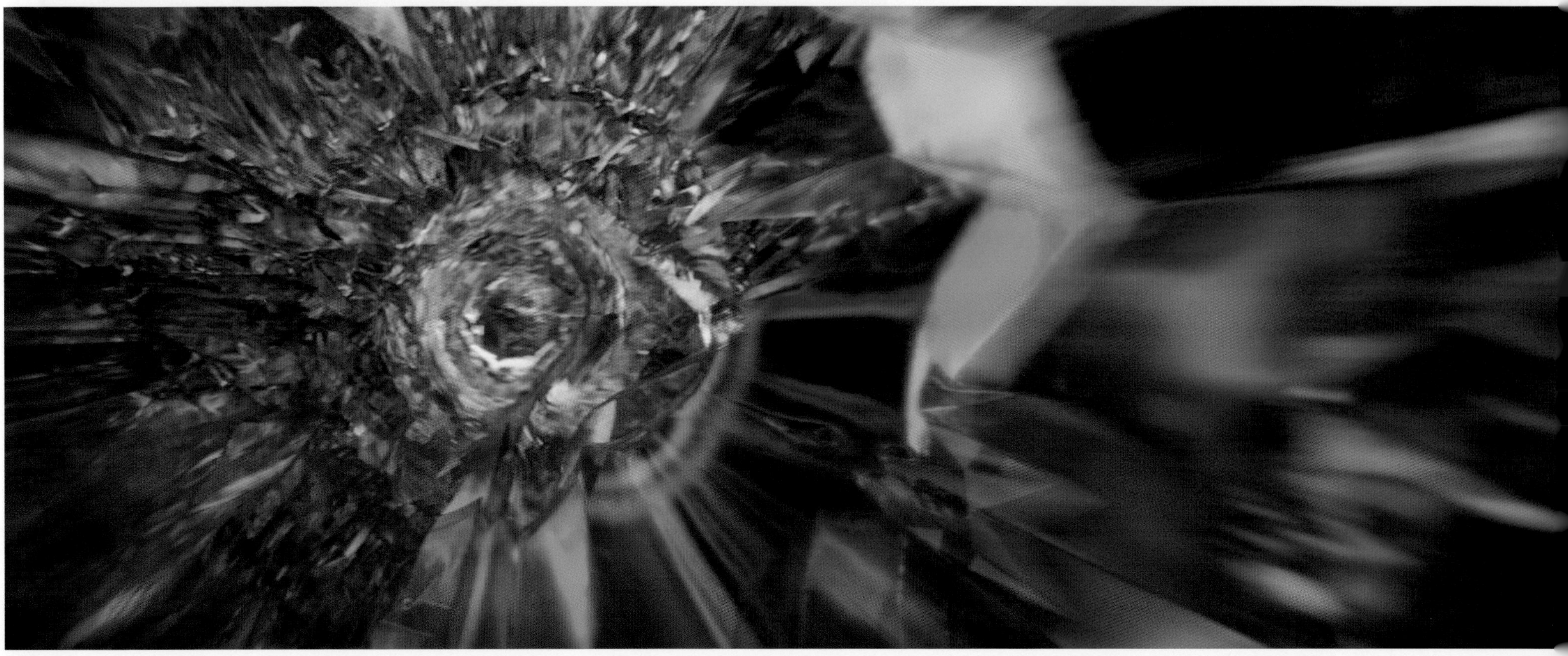

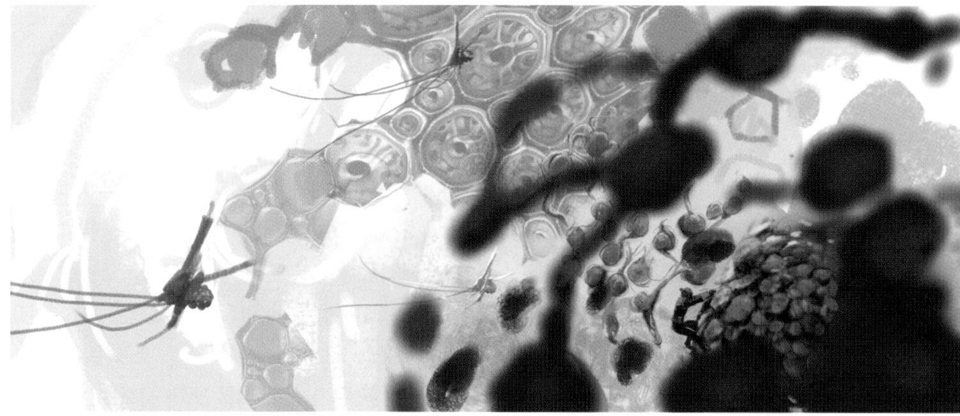

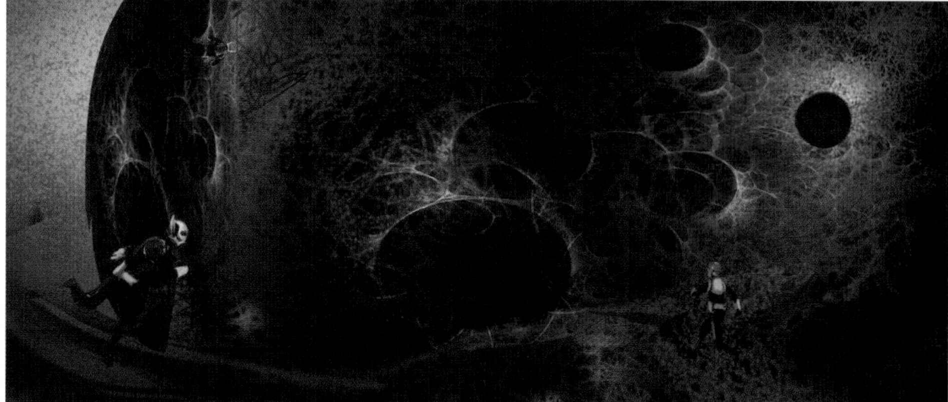

양자 치료 입자를 구하러 아원자 크기로 작아진 스캇은 그대로 양자 영역에 갇혀버린다. 그의 행방을 아는 유일한 사람들인 행크 핌, 재닛 반 다인과 호프 반 다인은 타노스의 핑거 스냅에 휘말려 사라졌지만 스캇은 그 사실을 알지 못한다.

◂ 위 슈릴, 아래 촬영 스틸샷 ▴ 위 프랜시스코, 중간 푸엔테벨라 ▴ 촬영 스틸샷

▴ 위 제, 중간 프랜시스코 ▴ 촬영 스틸샷

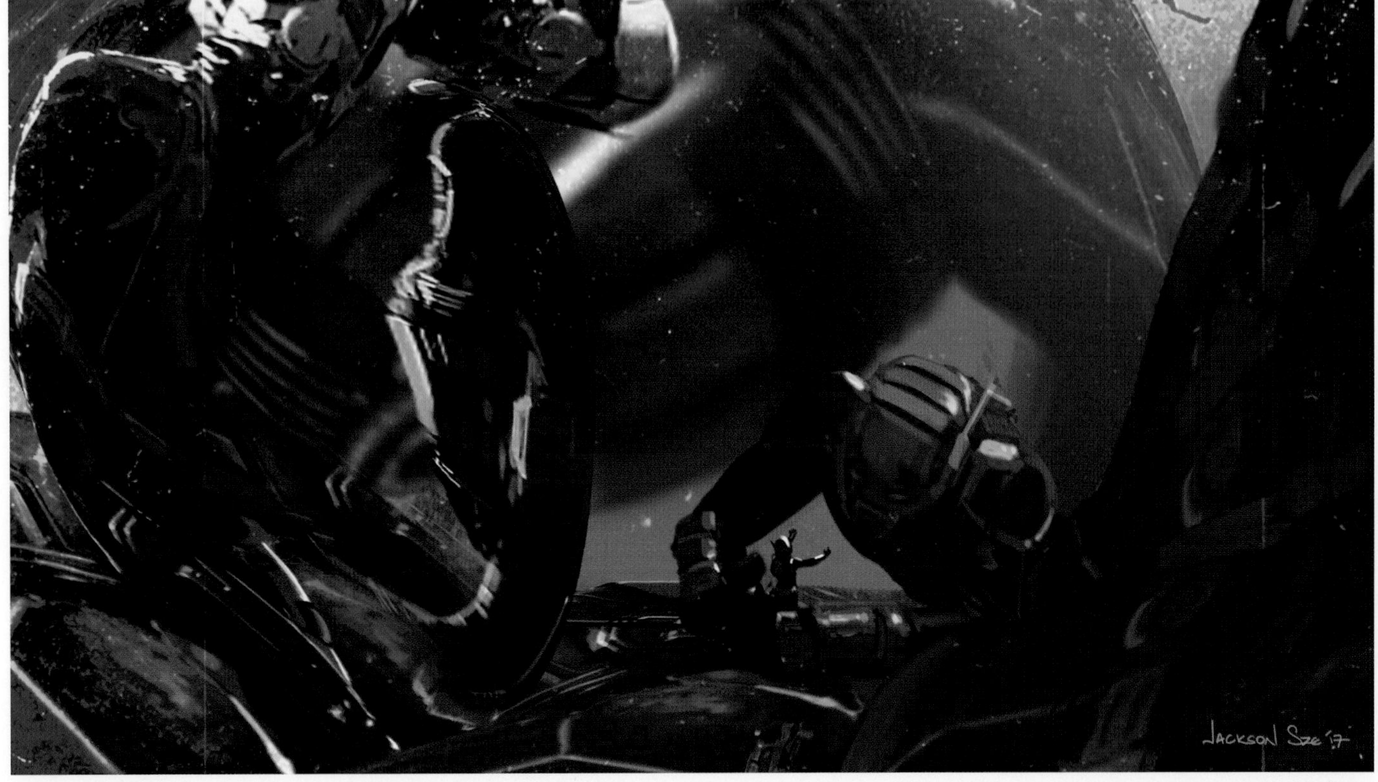

"스캇은 양자 영역에 갔다가 그대로 갇혀버립니다." 앤디 박은 말했다. "어떻게 돌아올지는 알 수 없습니다. 예고편에서는 어떻게든 양자 영역을 탈출한 모습을 볼 수 있습니다. 하지만 중요한 질문 하나는 스캇이 다시 돌아온 세계가 과연 어떤 모습을 하고 있을까요? 스캇이 지금까지의 여정을 통해 만들어온 세계와 가족은 지금 엄청난 위기에 처해 있습니다. 과연 스캇 랭은 양자 영역에서 탈출한 뒤 어떤 세계를 보게 될까요? 과연 누가 핑거 스냅에서 살아남았을까요?"

위 프랜시스코, 아래 제 ▲

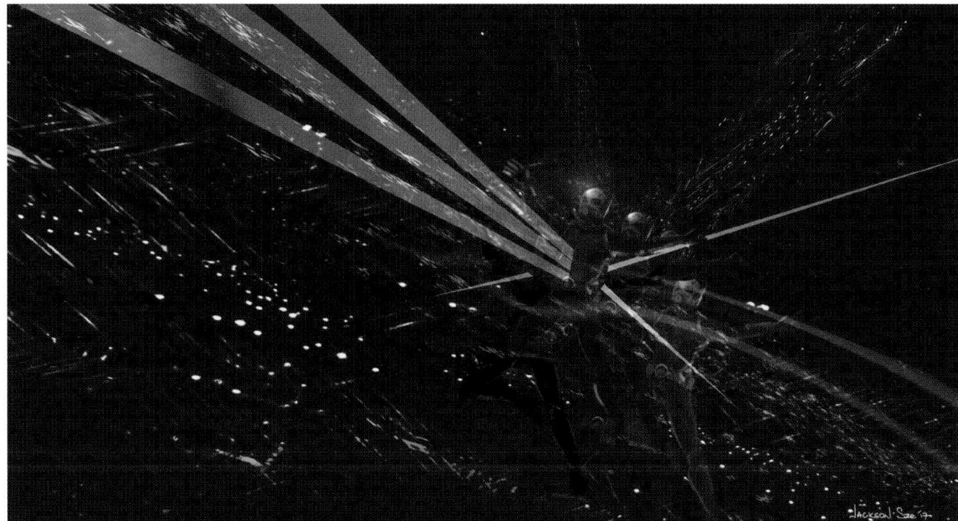

▲ 왼쪽 위와 아래 **제**, 오른쪽 위 **프랜시스코**

JACKSON SZE '18

왼쪽 위 **제**, 오른쪽 위 **촬영 스틸샷** ▲ **제** ▲ 위 **제**, 아래 **촬영 스틸샷** ▶

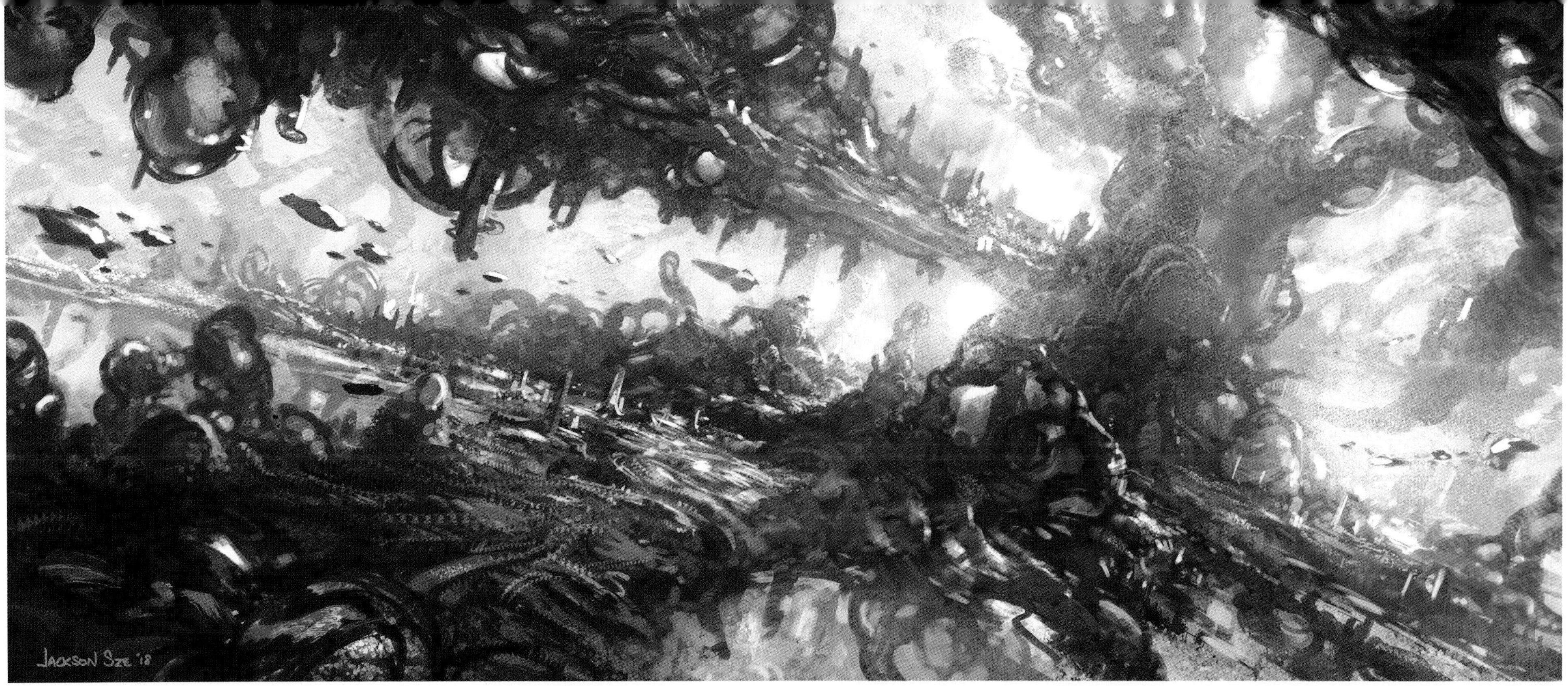

CAPTAIN MARVEL 캡틴 마블

CAROL DANVERS 캐럴 댄버스

"〈어벤져스: 인피니티 워〉의 결말은 모두에게 암울하고, 슬프고, 가라앉은 감정을 안겨주었습니다. 우리도 이런 결말, 즉 빌런이 승리하는 결말을 만들어본 적은 처음이죠." 총괄 제작자 트린 트란은 말했다. "히어로들 중 절반이 사라져버렸으니 정말 절망적인 상황이죠. 그런 와중에도 일말의 희망이 있다는 결말을 만들고 싶었습니다.

그래서 추가 장면에서는 오랫동안 모습을 보이지 않았던 캐릭터들, 닉 퓨리와 마리아 힐을 소개하면서 두 사람이 '아 안 돼, 와칸다가 공격받고 있어'라는 사실을 깨닫는 상황을 만들었죠. 그렇게 두 사람이 영화 속에서 벌어진 사건을 깨달은 후에는 힐이 사라지기 시작합니다. 퓨리는 재빨리 움직여서 호출기를 붙들고 호출 버튼을 누른 후에야 천천히 사라지고, 주인 잃은 호출기는 땅바닥에 떨어집니다."

이런 희망적인 엔딩은 MCU에 새로 등장할 히어로를 예고하는 장면이었다. "세상에, 방금 닉 퓨리가 연락한 사람이 대체 누구지?' 하는 기대감을 이끌어내고 싶었어요. 그러더니 캡틴 마블의 상징이 표시되죠." 트란은 말했다. "아직 도움을 청할 사람이 남았다는 희망을 모두에게 안겨주고 싶었습니다."

촬영 스틸샷 ▲

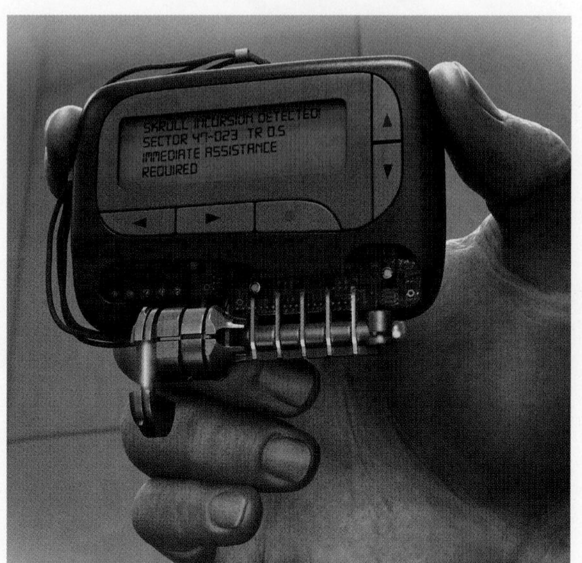

위, 비행사 패치 박, 아래 서머스 ▲

촬영 스틸샷 ▲

▲위 슈릴 ▲박

▲박

박▲▶

위 슈릴 ▲ 프랜시스코 ▲

조이너 ▲

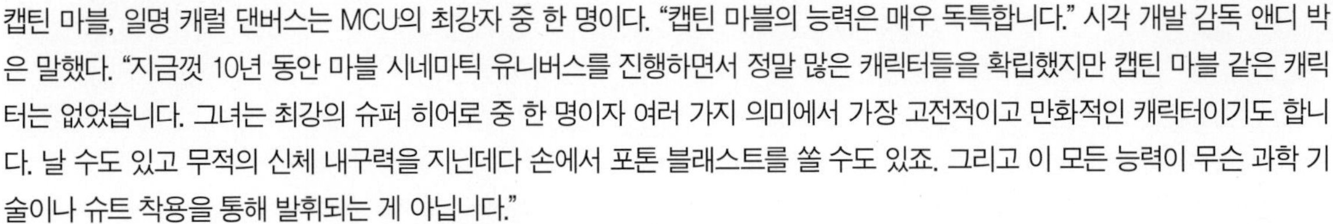

캡틴 마블, 일명 캐럴 댄버스는 MCU의 최강자 중 한 명이다. "캡틴 마블의 능력은 매우 독특합니다." 시각 개발 감독 앤디 박은 말했다. "지금껏 10년 동안 마블 시네마틱 유니버스를 진행하면서 정말 많은 캐릭터들을 확립했지만 캡틴 마블 같은 캐릭터는 없었습니다. 그녀는 최강의 슈퍼 히어로 중 한 명이자 여러 가지 의미에서 가장 고전적이고 만화적인 캐릭터이기도 합니다. 날 수도 있고 무적의 신체 내구력을 지닌데다 손에서 포톤 블래스트를 쏠 수도 있죠. 그리고 이 모든 능력이 무슨 과학 기술이나 슈트 착용을 통해 발휘되는 게 아닙니다."

전력을 발휘한 캡틴 마블은 마치 쌍성자 별처럼 눈부신 에너지가 온몸을 타고 흐르는 듯한 모습을 띤다.

▲박

▲촬영 스틸샷

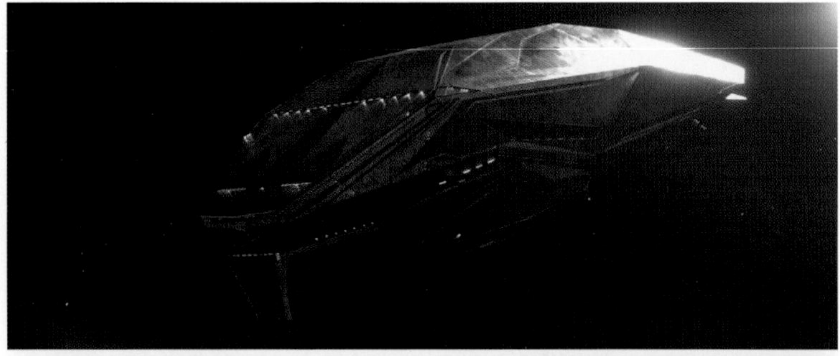

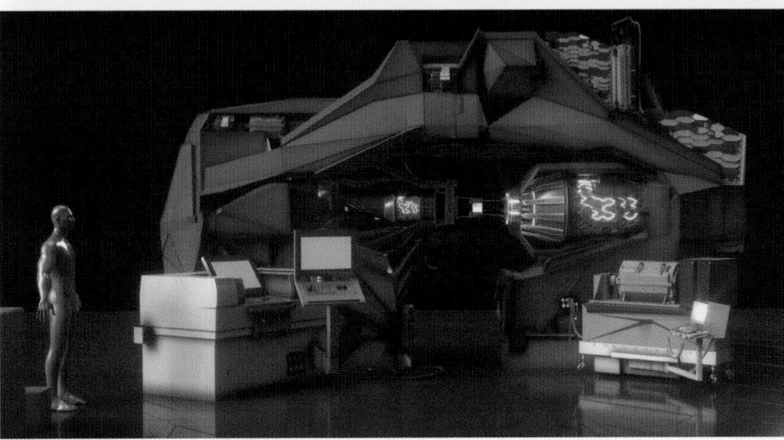

크리와 스크럴이 수 세기에 걸친 전쟁을 치르는 가운데, 테서랙트는 이런 피비린내 나는 갈등을 단번에 끝낼 수 있는 능력을 가졌다. 크리인 과학자였던 웬디 로슨 박사의 연구선에는 그녀가 실행한 실험의 결과들이 있었다. "초광속 우주선의 제작 실험이 이루어졌던 연구실을 만들려 했습니다." 캡틴 마블 제작 디자이너 앤디 니콜슨은 말했다. "여기 있는 모든 장치들은 그 우주선의 부품이죠. 어떤 부품이 어떤 역할을 하는지는 절대 구체적으로 정해놓지 않았습니다. 전부 테서랙트의 에너지를 옮겨 저장하는 방법의 연구와 연관되어 있습니다."

캠벨 ▲

던레비 ▲ 왼쪽 위 카피오, 오른쪽 위 촬영 스틸샷 ▲

▲위 **앤더슨**, 아래 **제**

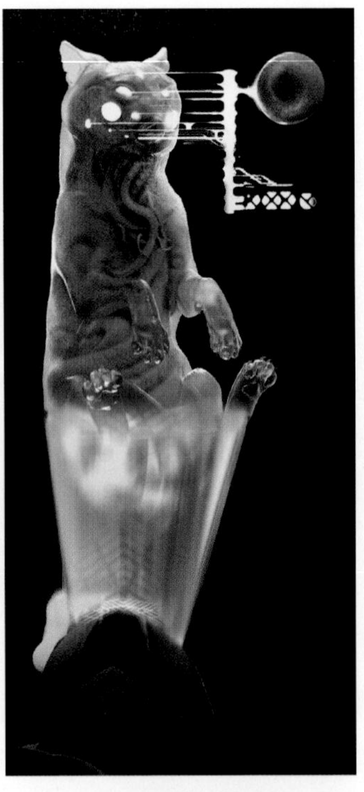
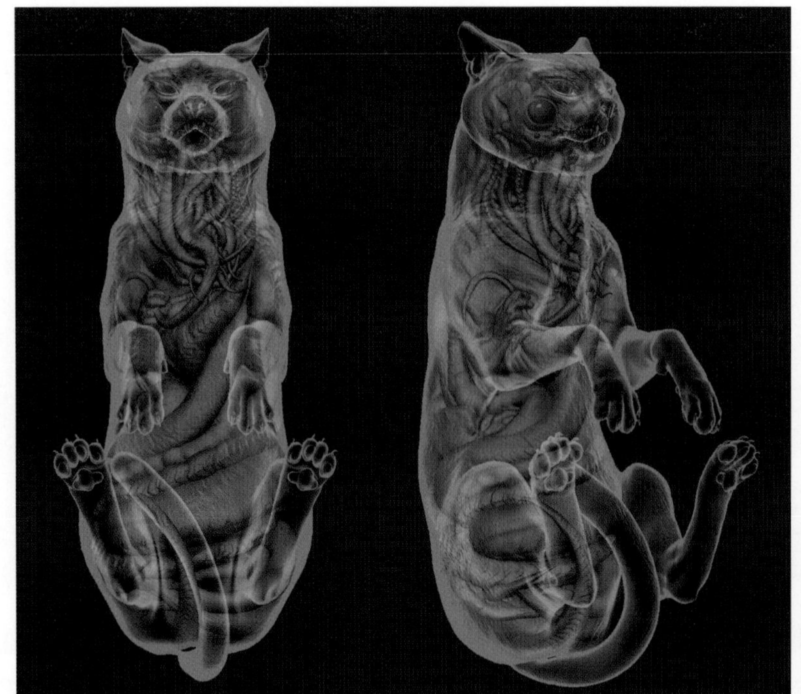
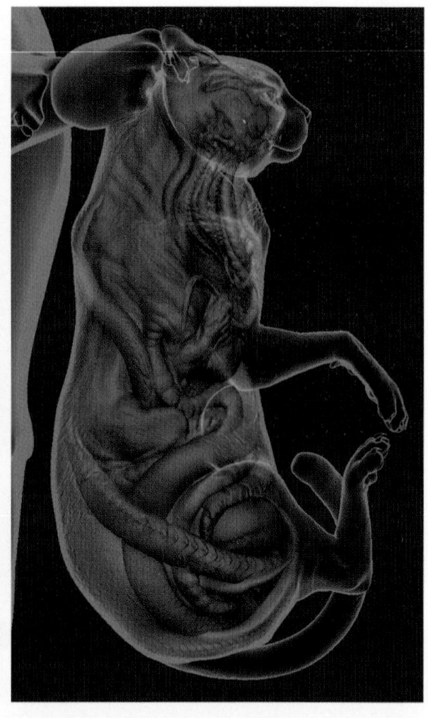

왼쪽 위 **던레비**, 위 왼쪽 중간과 오른쪽 **바톨리** ▲

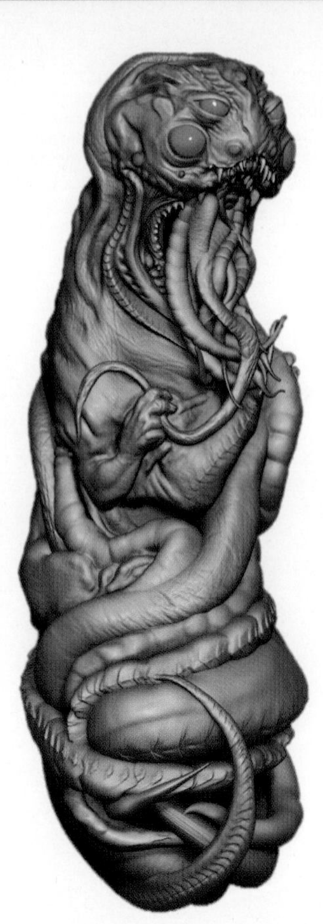

바톨리 ▲

캡틴 마블의 구스는 겉보기와 다른 생명체다. 이 네발 달린 고양이는 플러큰이라는 외계 생명체다. “제가 마블에서 아티스트로 일하면서 가장 재미있게 진행한 작업 중 하나입니다. 키프레임 속에서 주인공처럼 활약하는 고양이를 그려냈으니까요.” 선임 콘셉트 일러스트레이터 잭슨 제는 말했다. “또한 플러큰의 촉수투성이 괴물 같은 모습을 3D로 제작해 2D 그림과 합치고, 또 MCU 전체의 상징적인 복선이었던 테서랙트와 상호작용하는 모습을 구상하는 것도 굉장히 재미 있었습니다. 테서랙트는 MCU를 통틀어 정말 많은 사건들에 휘말리는 떡밥이었기 때문에 이걸 다루는 작업도 정말 재미있었습니다. 특히나 이게 온통 침과 점액에 절여진 모습도요.”

왼쪽 위 **촬영 스틸샷**, 오른쪽 위, 중간과 아래 **제** ▶

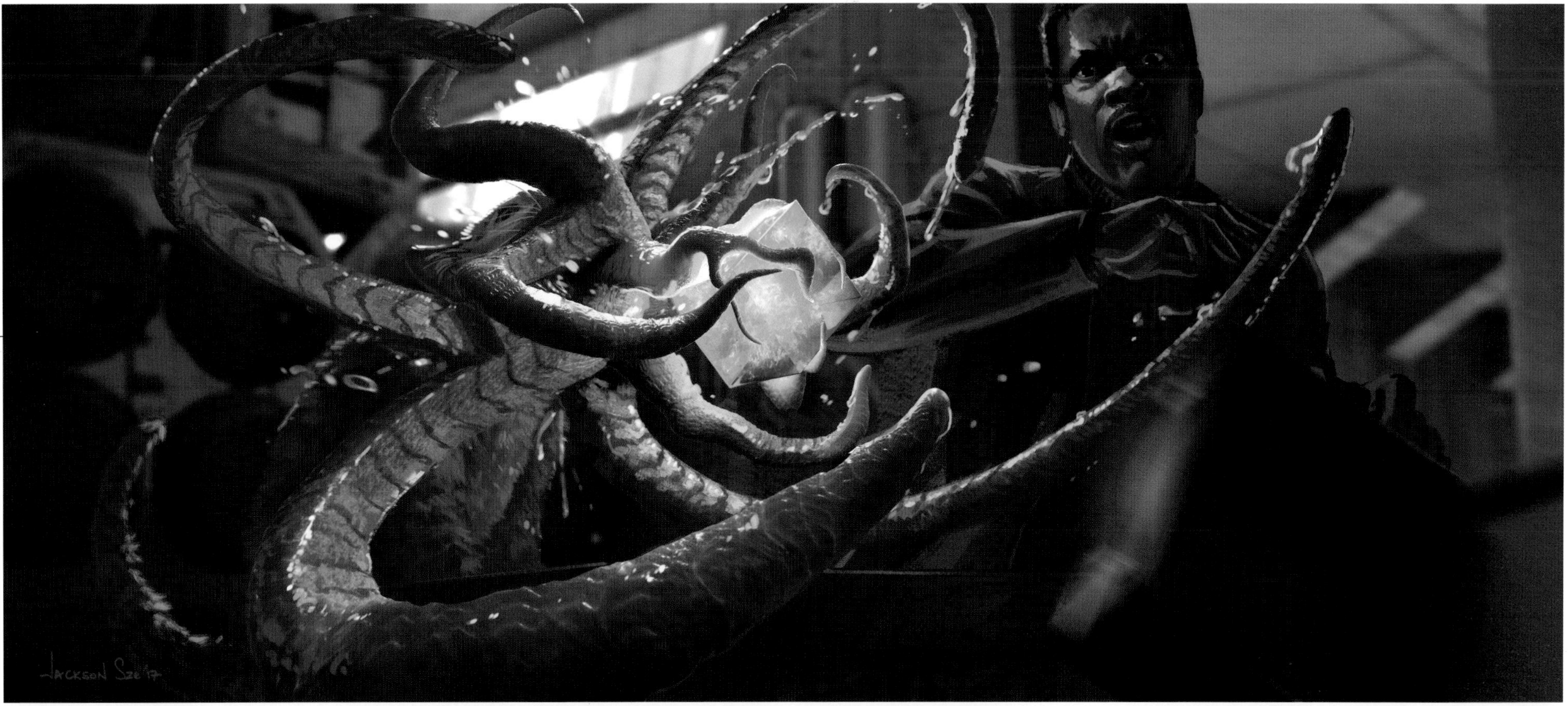

"주드 로가 연기한 캐릭터인 욘-로그는 캐럴에게 가르침을 주는 척 하지만, 자신들의 전쟁에서 대신 싸우도록 그녀를 조종하고 있습니다. 또한 그는 캐럴의 힘이 자기 본연의 힘이 아니며 그 힘을 다른 숭고한 명분, 이를테면 스크럴에 맞선 전쟁에 사용하는 게 최선이라고 믿도록 조종합니다." 〈캡틴 마블〉 총괄 제작자 조너선 슈워츠는 말했다. "캡틴 마블은 상상했던 수준을 훨씬 뛰어넘을 정도로 강력한 존재입니다. 그리고 그녀가 지금껏 겪은 모든 훈련과 가르침은 죄다 캐럴을 병기로 만들어내기 위한 것이어서 캐럴 댄버스라는 사람을 제대로 나타낼 수 있는 수단도 아니었으며, 애초에 올바른 일도 아니었습니다. 영화가 진행되면서 캐럴은 욘-로그와 크리의 실체를 알아차리고, 자신이 이 전쟁의 잘못된 편에 서 있었으며 스크럴이야말로 자신이 편들어 싸워주어야 하는 사람들이란 걸 깨닫습니다."

위 스위트 ▲

스타웁 ▲

▲ 위 프랜시스코 ▲ 슈릴

JACKSON SZE

〈어벤져스: 엔드게임〉은 지난 10년 동안 진행한 놀라운 이야기의 정점이지만, 그렇다고 마블 스튜디오의 영화 제작자들은 관객들이 보고 듣고 사랑할 수 있는 멋진 스토리의 제작을 멈출 생각이 없다. "우리 마블 제작자들도 지금껏 이어진 사가Saga인 〈어벤져스: 인피니티 워〉와 〈어벤져스: 엔드게임〉을 만족스럽게 마무리할 스토리를 만들어야 한다는 엄청난 압박을 느끼고 있습니다." 마블 스튜디오의 공동 사장 루이스 데스포지토는 말했다. "우리는 팬 여러분을 실망시키고 싶지 않아요. 또한 우리 자신을 실망시키고 싶지도 않고요."

"앞으로도 족히 10년 동안은 멋진 이야기를 들려 드릴 수 있길 바랍니다." 부사장 겸 제작자 빅토리아 알론소는 말했다. "또 전 세계 사람들이 우리가 전하는 메시지로부터 영감을 받고 행복하길 바랍니다. 사람들은 언제나 마블 영화가 단순한 오락 영화라고 생각하며 그런 영화는 아무것도 변화시킬 수 없다고 생각하죠. 그러다 깨닫게 되겠죠. '음, 어쩌면 그럴 수도 있겠어' 하고 말이죠."

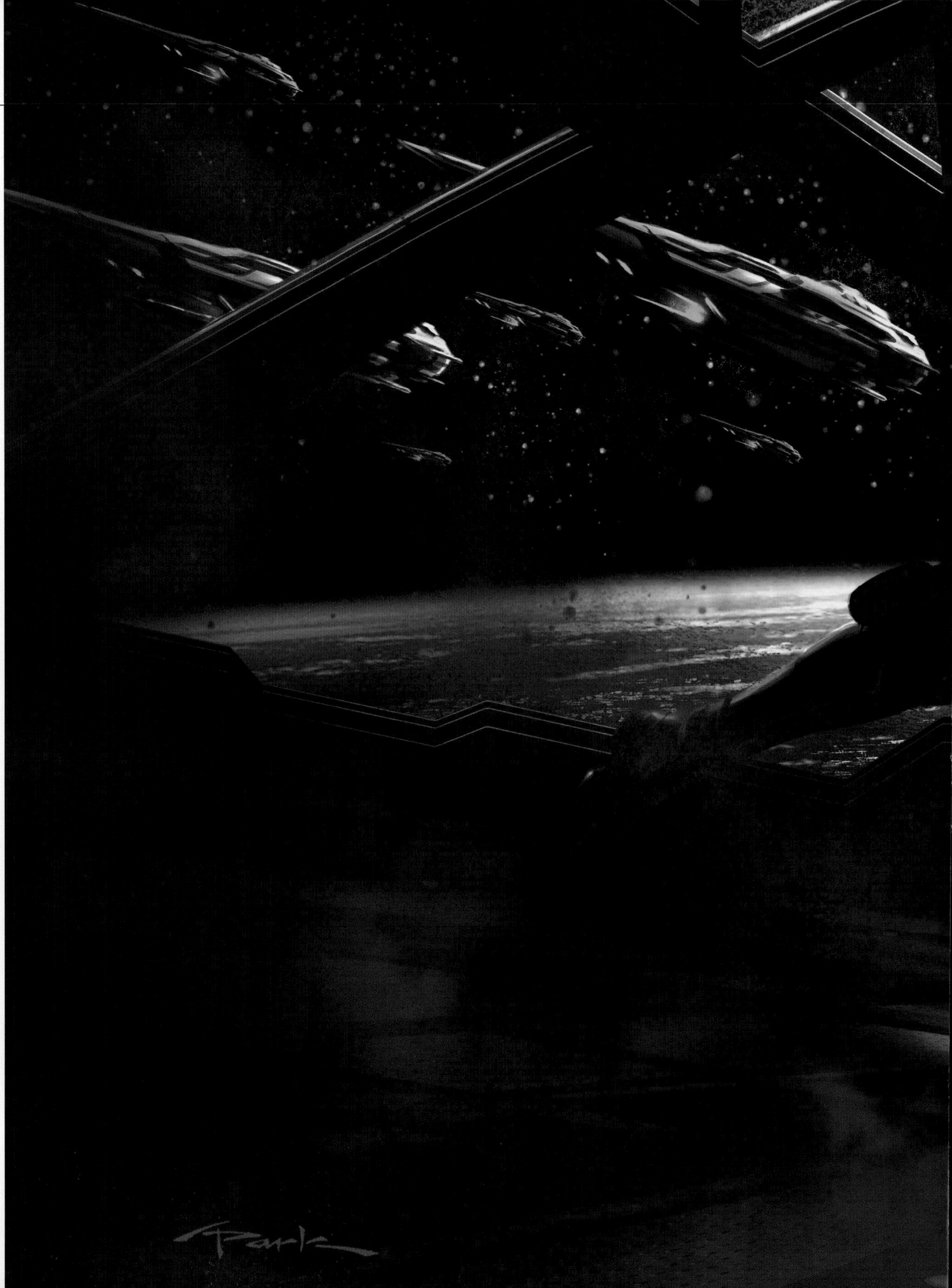

이전 페이지 제■ 박 ▸

고마운 분들

AJ 바르가스 AJ Vargas
네이트 무어 Nate Moore
닉 에인즈워스 Nick Ainsworth
닉 크로스 Nick Cross
대니얼 사이먼 Daniel Simon
대니엘 데일리 Danielle Daly
대니엘 코스타 Danielle Costa
댄 델리우 Dan Deleeuw
댄 워커 Dan Walker
더블 네거티브 Double Negative
데이비드 그랜트 David Grant
라이언 랭 Ryan Lang
라이언 메이너딩 Ryan Meinerding
라이언 포터 Ryan Potter
랜디 맥고언 Randy McGowan
러셀 보빗 Russell Bobbitt
레이 챈 Ray Chan
로드니 푸엔테벨라 Rodney Fuentebella
로베르토 페르난데스 카스트로 Roberto Fernández Castro
루이스 데스포지토 Louis D'Esposito
루크 화이트록 Luke Whitelock
리사 마라 Lisa Marra
리스 이반 Rhys Ifan
리처드 앤더슨 Richard Anderson
리치 팔머 Richie Palmer
릭 하인리히 Rick Heinrichs
마크 스웨인 Mark Swain
맷 델마노스키 Matt Delmanowski
메리 리바너스 Mary Livanos
메소드 스튜디오 Method Studios
모로 보렐리 Mauro Borrelli
무빙 픽처스 Co Moving Pictures Co.
미셸 몽플레지 Michelle Momplaisir
미치 벨 Mitch Bell
미하엘 쿠체 Michael Kutsche
밥 체셔 Bob Cheshire
벤 데이비스 Ben Davis
보잔 부시세빅 Bojan Vucicevic
브라이언 게이 Brian Gay
브라이언 채펙 Brian Chapek
브라이언 파커 Bryan Parker
브래드 윈더바움 Brad Winderbaum
빅토리아 알론소 Victoria Alonso
빌리 윌슨 Billy Wilson
새라 비어스 Sarah Beers
새라 진 Sarah Ginn
셰퍼드 프랭켈 Shepherd Frankel
숀 하그리브스 Sean Hargreaves
수사나 루 Susana Lou
수잔 피켓 Susan Pickett
스탠 리 Stan Lee
스테판 세레티 Stephane Ceretti
스티브 딧코 Steve Ditko
스티브 정 Steve Jung
스티븐 브로서드 Stephen Broussard
스티븐 슈릴 Stephen Schirle
시모나 파파렐리 Simona Paparelli
실비아 바톨리 Silvia Bartoli
아디 그라노브 Adi Granov
알렉산더 맨드라지예프 Alexander Mandradjiev
알렉산드라 번 Alexandra Byrne
알렉스 샤프 Alex Scharf
알렉시스 오디토레 Alexis Auditore
애덤 데이비스 Adam Davis
애덤 로스 Adam Ross
앤드류 캠벨 Andrew Campbell
앤드류 페트로타 Andrew Petrotta
앤디 박 Andy Park
앤서니 프랜시스코 Anthony Francisco
앨런 페인 Alan Payne
에리얼 곤살레스 Ariel Gonzalez
에리카 덴튼 Erika Denton
에릭 하우저만 캐롤 Eric Hauserman Carroll
에이비아 페레스 Avia Perez
엘레니 루소스 Eleni Roussos
엘리사 헌터 Elissa Hunter
엘리엇 레먼 Elliot Lehrman
엠마 클러프 Emma Clough
올리비에 구디어 Olivier Goodier
웨슬리 버트 Wesley Burt
이언 조이너 Ian Joyner
얀 엥겔 Jann Engel
잭 더드먼 Jack Dudman
잭 커비 Jack Kirby
잭 포트 Jacque Porte
잭슨 제 Jackson Sze
저래드 메란츠 Jerad Marantz
저스틴 스위트 Justin Sweet
제러드 던레비 Gerard Dunleavy
제러미 래첨 Jeremy Latcham
제이미 라마 Jamie Rama
제이슨 녹스-존스턴 Jason Knox-Johnston
제임스 친런드 James Chinlund
젠 언더달 Jen Underdahl
조너선 슈워츠 Jonathan Schwartz
조시 니치 Josh Nizzi
조시 허먼 Josh Herman
조이 네이글헛 Zoie Nagelhout
존 이브스 John Eaves
주디아나 마코브스키 Judianna Makovsky
줄리엔 포그니어 Julien Pougnier
줄스 파이어스 Jools Faiers
짐 카슨 Jim Carson
찰리 웬 Charlie Wen
찰스 우드 Charles Wood
카를라 오르티스 Karla Ortiz
캐머론 램지 Cameron Ramsay
케빈 라이트 Kevin Wright
케빈 젱킨스 Kevin Jenkins
케빈 파이기 Kevin Feige
코트니 베이커 Courtney Baker
콘스탄틴 세케리스 Constantine Sekeris
크리스 로즈원 Chris Rosewarne
크리스 케슬러 Chris Kessler
크리스찬 코델라 Christian Cordella
크리스토퍼 타운센드 Christopher Townsend
크리스틴 젤라즈코 Kristin Zelazko
크리시 하우스 Chrissy Howes
키아나 파젤리 Kyana Fazeli
타니 쿠니타케 Tani Kunitake
툴리 서머스 Tully Summers
트렌트 오펄록 Trent Opaloch
트린 트란 Trinh Tran
티프 모 Tiff Mau
팀 크로쇼 Tim Croshaw
팀 힐 Tim Hill
파블로 카피오 Pablo Carpio
파비안 레이시 Fabian Lacey
퍼시벌 라누자 Percival Lanuza
폴 캐틀링 Paul Catling
플리스 제인 Fliss Jaine
피트 톰프슨 Pete Thompson
필 손더스 Phil Saunders

메이너딩 ▸

CREATOR BIOGRAPHIES 크리에이터 정보

콘셉트 아티스트 아디 그라노브는 주로 마블의 일러스트레이터 겸 디자이너로 일하고 있다. 가장 눈여겨 볼 만한 활동으로는 스토리 작가 워런 엘리스와 함께 그린 〈아이언맨: 익스트리미스〉 시리즈와 콘셉트 디자이너 겸 일러스트레이터로 작업한 영화 〈아이언맨〉과 〈어벤져스〉 시리즈가 있다. 영화에서는 주요 캐릭터 디자인 작업과 액션 신의 키프레임 일러스트레이션을 맡았다. 만화에서는 현재 마블과 독점 계약을 맺고 지난 몇 년간 수많은 작품들의 표지와 단편 스토리 몇몇 작품을 그렸다. 아디는 현재 배우자 탐신과 아주 괴상한 고양이 두 마리와 함께 잉글랜드에 살고 있다. 그는 비행기와 기차, 자동차를 좋아하며 취미는 자기가 가진 1967년형 로투스 엘란 자동차를 손보는 것이다. 또한 양봉도 굉장히 즐긴다.

콘셉트 아티스트 알렉시 브릭롯은 이미지를 통해 캐릭터, 세계관과 스토리를 만들어낸다. 예전에는 유럽 시장에 발매된 만화책들과 미국에서 발매된 만화책 몇 권(토드 맥팔레인의 〈스폰〉 그래픽 노블 두 권)을 그렸으며, 그중에는 범고래에 대한 실화를 바탕으로 한 멋진 프로젝트도 하나 있었다. 브릭롯은 책 표지(R.A. 살바토레의 일러스트레이션 작업도 했고 만화책 표지(〈마블 어나힐레이션: 컨퀘스트〉, 〈뉴 어벤져스〉) 작업과 카드 일러스트레이션(〈매직 더 개더링〉, 〈하스스톤〉)도 작업한 바 있다. 특히 〈매직 더 개더링〉의 작업을 즐긴다고 한다. 그가 창조해낸 최초의 플레인스워커 6명은 아직도 팬들이 가장 사랑하는 캐릭터들로 손꼽힌다. 또한 브릭롯은 비디오 게임 콘셉트 아트도 제작하면서(〈스플린터 셀: 더블 에이전트〉, 〈콜드 피어〉) 자신이 직접 비디오 게임을 만든다면 정말 재미있을 거라 생각했다. 그래서 몇 년 전에는 〈리멤버 미〉와 〈라이프 이즈 스트레인지〉를 제작한 게임 제작사 돈노드 엔터테인먼트를 공동 설립하기도 했다. 그런 다음에는 다시 어렸을 적 꿈인 영화 산업에 투신했다. 브릭롯은 마블 스튜디오에서 〈토르: 라그나로크〉, 〈앤트맨과 와스프〉, 〈캡틴 마블〉과 〈어벤져스: 인피니티 워〉의 제작에 참여했으며 계속해서 마블 스튜디오에서 개봉을 앞둔 프로젝트를 지원하고 있다.

시각 개발 감독 앤디 박은 UCLA와 아트센터 디자인 대학에서 미술과 일러스트레이션을 전공했다. 그는 어릴 적 꿈이었던 만화책 작가로 경력을 시작하여 마블과 DC, 이미지 코믹스를 비롯한 다양한 출판사에서 〈툼 레이더〉, 〈엑스칼리버〉와 〈언캐니 엑스맨〉 등의 작품들을 그려냈다. 10년 간 만화책 산업에서 종사한 후, 경력을 옮겨 비디오 게임 산업에서 콘셉트 아티스트로 활동하기 시작한다. 이후 수많은 수상 경력을 자랑하는 소니 컴퓨터 엔터테인먼트 오브 아메리카 제작의 〈갓 오브 워〉 시리즈에서 다양한 세계와 환상 속 인물 및 생명체들을 디자인한 선구적인 아티스트 중 한 명으로 활약한다. 앤디는 2010년 시각 개발 콘셉트 아티스트로서 마블 스튜디오의 시각 개발 부서에 합류해, 〈어벤져스〉, 〈아이언맨 3〉, 〈캡틴 아메리카: 윈터 솔져〉, 〈토르: 다크 월드〉, 〈가디언즈 오브 갤럭시〉, 〈어벤져스: 에이지 오브 울트론〉, 〈앤트맨〉과 〈캡틴 아메리카: 시빌 워〉 등의 인물들과 중요 일러스트레이션 등을 디자인했다. 현재 시각 개발 감독으로 재직하고 있으며, 〈가디언즈 오브 갤럭시 VOL.2〉, 〈토르: 라그나로크〉, 〈앤트맨과 와스프〉, 〈캡틴 마블〉과 그 외 현재 발표되지 않은 프로젝트 등에 참여했다.

선임 비주얼 개발 아티스트 앤서니 프랜시스코는 18년 동안 이 업계에 종사했다. 현재는 마블 스튜디오 시각 개발 부서에서 선임 콘셉트 아티스트로 재직하고 있다. 가장 유명한 디자인 작업으로는 마블에서 가장 귀여운 캐릭터, 아기 그루트의 비주얼을 개발했다! 또한 〈토르: 라그나로크〉의 로키와 〈블랙 팬서〉의 도라 밀라제인 오코예와 나키아의 코스튬 등 상징적인 캐릭터들의 디자인 작업에도 임했다. 앤서니가 작업한 마블 영화들로는 〈캡틴 마블〉, 〈어벤져스: 인피니티 워〉, 〈앤트맨과 와스프〉, 〈가디언즈 오브 갤럭시 VOL.2〉, 〈닥터 스트레인지〉, 〈앤트맨〉 그리고 〈가디언즈 오브 갤럭시〉가 있다. 그는 현재 버뱅크에 거주하면서 마블 스튜디오의 차기작 제작에 참여하고 있다.

전 공동 시각 개발 팀장 찰리 웬은 엔터테인먼트 산업에서 콘셉트 디자이너부터 아트 디렉터까지, 또 영화에서 비디오 게임과 애니메이션까지 정말 굉장히 다양한 직무를 맡아왔다. 웬의 고객으로는 디즈니, 디지털 도메인, 드림웍스, 레전더리 픽처스, 마블 스튜디오, 다크호스, 리듬 앤 휴스, 이미지 스튜디오, 위저드 오브 더 코스트 그리고 소니 컴퓨터 엔터테인먼트 오브 아메리카 등 가상 콘텐츠 업계의 큰손들이 많다. 그는 2005년에 소니 플레이스테이션의 명작 액션 어드벤처 게임, 〈갓 오브 워〉의 캐릭터 크레토스를 창조했다. 웬은 제작 업계 외에도 유명 제작사와 대학에서 인물 그리기나 캐릭터 디자인에 대한 강의를 진행하기도 한다. 그는 토르의 메인 캐릭터 디자인을 도운 후 마블 스튜디오의 공동 시각 개발 팀장 직함을 맡고 〈퍼스트 어벤져〉, 〈어벤져스〉, 〈아이언맨 3〉, 〈토르: 다크 월드〉, 〈가디언즈 오브 갤럭시〉, 〈캡틴 아메리카: 윈터 솔져〉, 〈어벤져스: 에이지 오브 울트론〉, 〈앤트맨〉 등의 제작에 참여했다.

콘셉트 일러스트레이터 콘스탄틴 세케리스는 스티브 존슨의 에지 FX, 스탠 윈스턴 스튜디오, 릭 베이커의 시노베이션, 그렉 캐넘의 드랙 스튜디오, 퀀텀 크리에이션 FX, 아이언헤드 스튜디오와 스펙트럴 모션 등의 유명 특수 효과 제작사에서 재직하며 〈바이센테니얼 맨〉, 〈블레이드 2〉, 〈젠틀맨 리그〉, 〈괴물들이 사는 나라〉, 〈스파이더맨 2〉, 〈스파이더맨 3〉, 〈판타스틱 4〉, 〈헬보이 2〉, 〈인크레더블 헐크〉, 〈엑스맨-최후의 전쟁〉, 〈반 헬싱〉 등의 영화 제작에 참여했다. 지난 5년 동안은 코스튬 유니온 소속으로 〈토르: 천둥의 신〉, 〈토르: 다크 월드〉, 〈그린 랜턴: 반지의 선택〉, 〈오블리비언〉, 〈맨 오브 스틸〉, 〈스타 트렉: 다크니스〉, 〈지 아이 조 2〉, 〈엔더스 게임〉, 〈토르: 라그나로크〉, 〈블랙 팬서〉와 〈어벤져스: 인피니티 워〉 등의 영화 제작에 참여했다. 그는 최근 디자인 스튜디오 프레스와 함께 《MetamorFX: Art of Constantine Sekeris》 라는 책을 발간했다.

콘셉트 아티스트 파우스토 데 마르티니는 브라질의 광고 산업에서 경력을 시작해 미국 비디오 게임 산업으로 이직했다. 그 후에는 할리우드의 콘셉트 아티스트 겸 일러스트레이터로 이직하여 멋진 아티스트들 다수와 함께 〈로보캅〉, 〈트랜스포머: 사라진 시대〉, 〈트랜스포머: 최후의 기사〉, 〈스타워즈: 깨어난 포스〉, 〈블랙 팬서〉, 〈어벤져스: 인피니티 워〉, 〈터미네이터 제니시스〉와 〈킹스맨: 골든 서클〉 등의 제작에 참여했다. 또한 거의 4년 동안 〈아바타〉의 속편 제작에도 참여했다. 그는 아트와 디자인의 전반적인 분야에 대한 크나큰 열정과 세계관, 소품, 생물 등의 창조적 구상 과정 자체에 대한 애정을 품고 있어 언제나 개인 프로젝트를 진행 중이다.

선임 비주얼 개발 아티스트 잭슨 제는 루카스 필름 애니메이션과 소니 컴퓨터 엔터테인먼트 오브 아메리카 등의 기업에 재직하며 광고, 비디오 게임, 텔레비전과 영화 산업에 종사했다. 그는 〈Battle Milk〉 아트북 시리즈를 창립한 일원이며 현재는 마블 스튜디오에서 선임 콘셉트 일러스트레이터로 일하고 있다. 또한 제는 헐리웃에 위치한 노먼 시각 효과 학교와 콘셉트 디자인 아카데미에서 교육 활동도 진행하고 있다. 그는 〈스타워즈: 클론 전쟁〉과 〈어린 왕자〉, 〈어벤져스〉, 〈가디언즈 오브 갤럭시〉, 〈앤트맨〉, 〈닥터 스트레인지〉, 〈가디언즈 오브 갤럭시 VOL.2〉, 〈토르: 라그나로크〉와 〈블랙 팬서〉 등의 제작에 참여했다.

콘셉트 아티스트 저래드 메란츠는 특수 효과 제작사에서 초기 경력을 시작했다. 그는 다방면에 조금씩 경험을 쌓아온 덕분에 생물 디자인, 인물 디자인과 의상 콘셉트 아트 분야에 집중할 수 있었다. 메란츠는 조형, 그림, 일러스트레이션, 3D 모델링과 포토샵 등의 능력을 갖추고 있어서 독특한 느낌의 디자인을 하는데 큰 도움이 되었다. 메란츠는 지금껏 영화, 텔레비전과 게임 산업에서 〈어벤져스: 인피니티 워〉, 〈닥터 스트레인지〉, 〈가디언즈 오브 갤럭시〉, 〈가디언즈 오브 갤럭시 VOL.2〉, 〈저스티스 리그〉, 〈배트맨 대 슈퍼맨: 저스티스의 시작〉, 〈데드풀 2〉, 〈샤잠!〉, 〈어메이징 스파이더맨〉, 〈어메이징 스파이더맨 2〉, 〈엑스맨: 아포칼립스〉, 〈엑스맨: 데이즈 오브 퓨처 패스트〉, 〈닌자 터틀〉, 〈혹성탈출: 진화의 시작〉, 〈노아〉, 〈타이탄〉(리드 디자이너), 〈써커 펀치〉(리드 디자이너), 〈트랜스포머 3〉, 〈그린 랜턴: 반지의 선택〉, 〈스노우 화이트 앤 더 헌츠맨〉, 〈지.아이.조 2〉, 〈리딕〉, 〈아메리칸 호러 스토리〉, 〈그림〉, 〈웨스트월드〉, 〈기어즈 오브 워 4〉, 〈타이탄폴〉, 〈인퍼머스 2〉 등의 수많은 작품에 이름을 올렸다.

콘셉트 아티스트 조시 허먼은 레거시 이펙츠에서 재직하며 〈리얼 스틸〉, 〈어메이징 스파이더맨〉, 〈토탈 리콜〉, 〈어벤져스〉 등의 현실 효과 작업을 통해 경력을 시작했다. 그는 레거시 이펙츠에서 비디오 게임 산업으로 이직해 너티 독에서 〈언차티드 3: 황금 사막의 아틀란티스〉 제작에 참여하지만, 곧 다시 영화 산업으로 돌아와 마블 스튜디오에서 〈아이언맨 3〉, 〈캡틴 아메리카: 윈터 솔져〉, 〈가디언즈 오브 갤럭시〉, 〈가디언즈 오브 갤럭시 VOL.2〉, 〈어벤져스: 에이지 오브 울트론〉, 〈닥터 스트레인지〉와 〈스파이더맨: 홈커밍〉 등의 제작에 참여했다. 조시는 2016년에 다시 게임 산업으로 돌아가 클라우드 임페리엄 게임즈의 캐릭터 아트 감독으로서 〈스타 시티즌〉과 〈스쿼드론 42〉의 캐릭터 및 캐릭터 콘셉트팀을 관리하고 있다.

콘셉트 일러스트레이터 조시 니치는 일리노이 대학에서 그래픽 디자인 전공으로 졸업했다. 그는 이후 9년 동안 비디오 게임 산업에서 아트 감독, 콘셉트 아티스트, 모델러와 애니메이터로 〈레드 팩션〉, 〈레드 팩션 2〉와 〈퍼니셔〉 등의 제작 작업에 참여했다. 그 후 니치는 영화 일러스트레이터로 일하며 〈트랜스포머: 패자의 역습〉, 〈트랜스포머 3〉, 〈트랜스포머: 사라진 시대〉, 〈트랜스포머: 최후의 기사〉, 〈캡틴 아메리카: 시빌 워〉와 〈어벤져스: 에이지 오브 울트론〉 등의 영화에 참여한다. 최근에는 여가 시간을 쪼개 개인적인 비디오 게임 프로젝트와 영화 관련 작업을 하고 있다.

콘셉트 일러스트레이터 저스틴 스위트는 〈나니아 연대기: 사자, 마녀, 그리고 옷장〉과 〈나니아 연대기: 캐스피언 왕자〉, 〈나니아 연대기: 새벽 출정호의 항해〉 그리고 〈가디언즈 오브 갤럭시 VOL.2〉의 제작에 참여했다.

콘셉트 아티스트 카를라 오르티스는 푸에르토리코 출신의 전 세계적으로 명성을 떨치는 수상 경력의 아티스트다. 오르티스는 특출 난 디자인 센스와 사실적인 렌더링, 캐릭터 기반의 내러티브를 활용해 〈쥬라기 월드〉, 〈월드 오브 워크래프트〉, 〈로그 원: 스타워즈 스토리〉, 〈토르: 라그나로크〉, 〈블랙 팬서〉, 〈어벤져스: 인피니티 워〉와 닥터 스트레인지의 독특한 디자인을 선보인 〈닥터 스트레인지〉 등의 제작에 참여했다. 오르티스의 작업물은 순수 미술계에서도 알아주며 실제로 샌프란시스코의 스포크 아트와 하시모토 컨템퍼러리, LA의 뉴클루스 갤러리와 싱크스페이스, 파리의 갤러리 알루딕 등의 유명 갤러리에 자신의 추상적이고 불가사의한 작품을 전시한 바 있다. 그녀는 현재 샌프란시스코에서 고양이 배디와 같이 살고 있다.

콘셉트 아티스트 미하엘 쿠체는 수상 경력을 가진 독일인 아티스트로, 독일 베를린에 거주하고 있다. 그는 독학으로 아티스트가 되어서 기성 미디어와 디지털 미디어 분야 모두에서 작업하고 있다. 미하엘의 작업물은 영화와 만화에 나올 법한 특이한 인물들이 등장하는 플랑드르 르네상스 양식의 상상 속 현실을 정말 놀라울 정도로 실감 나게 표현해낸다. 그는 상상 속 인물을 구상하는 자신만의 독특한 방식으로 팀 버튼 감독의 〈이상한 나라의 앨리스〉와 앤드류 스탠튼 감독의 〈존 카터: 바숨 전쟁의 서막〉, 존 패브로 감독의 〈정글북〉, 샘 레이미 감독의 〈오즈 그레이트 앤드 파워풀〉과 케네스 브래너 감독의 〈토르: 천둥의 신〉 등에서 캐릭터 디자이너로 활동했다. 미하엘은 자신이 만들어낸 캐릭터 디자인이 위 영화들에서 중요한 역할을 하면서 현재 영화 산업에서 활동 중인 가장 인기 있는 캐릭터 디자이너 중 한 명이 되었다. 그의 작품은 전 세계 책과 잡지에 많이 실렸는데 그중에서도 눈여겨볼 만한 작품은 타셴에서 발간한 〈일러스트레이션 나우!〉 2011년 호에 실렸다. 미하엘은 영화 산업의 일러스트레이터로서 경력과는 별개로 계속 개인 프로젝트를 진행하고 있으며, 그중에는 향후 전시회와 도서 프로젝트를 위한 그림 프로젝트도 있다. 그 고객사로는 디즈니 스튜디오, 드림웍스, 마블 스튜디오, 레전더리 엔터테인먼트, 소니 이미지웍스, 워너 브러더스, 파라마운트 픽처스, 사이옵, 매소드 스튜디오, SEGA, 크리에이티브 어셈블리와 샷 치 앤 샷치 등이 있다.

비주얼 개발 콘셉트 일러스트레이터 필 손더스는 2001년부터 거의 모든 거대 제작사들에서 영화에 등장하는 인물, 차량, 배경과 소품을 디자인했다. 그는 〈아이언맨〉 제작 당시부터 마블 스튜디오와 협력하기 시작했으며 이후 유명 캐릭터가 등장하는 거의 모든 마블 영화들에서 작업을 이어왔다. 그는 영화 산업에서 경력을 시작하기 전의 10년 동안 컴퓨터 게임 개발사 프레스토 스튜디오의 제작 감독, 닛산 디자인 인터내셔널의 차량 디자이너와 위치 기반 엔터테인먼트 분야의 프리랜서 디자이너로 활동했다.

선임 시각 개발 아티스트 로드니 푸엔테벨라는 UCLA에서 디자인을, 아트센터 디자인 대학에서 제품 디자인을 전공했다. 그는 필리핀에서 태어나 샌프란시스코에서 성장하면서 지금까지 일렉트로닉 아츠, 아타리, 리듬 앤 휴스, 드림웍스 애니메이션과 와이어드 잡지사 등의 다양한 프로젝트를 작업했으며, 그 밖에도 엔터테인먼트 및 광고 분야에서 수많은 프로젝트들을 진행했다. 영화 산업에서는 리듬 앤 휴스에서 콘셉트 아티스트로 재직하다가 마블 스튜디오의 시각 개발팀에 합류했다. 푸엔테벨라는 〈퍼스트 어벤져〉, 〈어벤져스〉, 〈아이언맨 3〉, 〈캡틴 아메리카: 윈터 솔져〉, 〈가디언즈 오브 갤럭시〉, 〈어벤져스: 에이지 오브 울트론〉, 〈앤트맨〉, 〈캡틴 아메리카: 시빌 워〉, 〈닥터 스트레인지〉, 〈스파이더맨: 홈커밍〉, 〈토르: 라그나로크〉, 〈블랙 팬서〉, 〈어벤져스: 인피니티 워〉, 〈캡틴 마블〉과 현재 개봉을 앞두고 있는 수많은 MCU의 영화 및 프로젝트에서 사용할 중요 아트 일러스트레이션과 캐릭터 디자인을 제작했다.

콘셉트 아티스트 라이언 랭은 〈닥터 스트레인지〉, 〈모아나〉, 〈가디언즈 오브 갤럭시 VOL.2〉 그리고 〈어벤져스: 인피니티 워〉의 제작 작업에 참여했다.

시각 개발 팀장 라이언 메이너딩은 2005년부터 영화 산업에서 프리랜서 콘셉트 아티스트 겸 일러스트레이터로 활동해왔다. 그는 경력 초기부터 업계의 노련한 베테랑들로부터 극찬을 받을 만한 작업물들을 제작했다. 노트르담 대학에서 산업 디자인을 전공한 후에는 할리우드로 이동하여 2008년작 영화 〈아웃랜더〉의 제작에 참여했다. 〈아이언맨〉 제작을 위해 마블 스튜디오에 합류했다가 〈트랜스포머: 패자의 역습〉과 〈왓치맨〉을 작업하기 위해 잠시 자리를 비웠던 이후에는 계속해서 마블 스튜디오에서 전속으로 일했다. 〈아이언맨 2〉 작업 중에는 만화책 〈인빈시블 아이언맨〉 시리즈에서 사용할 신형 아이언맨 슈트 디자인을 제공하기도 했다. 그는 〈퍼스트 어벤져〉, 〈토르: 천둥의 신〉과 〈어벤져스〉 등에서 시각 개발 공동 관리자로 임했다. 그 후에는 〈아이언맨 3〉, 〈캡틴 아메리카: 윈터 솔져〉, 〈어벤져스: 에이지 오브 울트론〉, 〈캡틴 아메리카: 시빌 워〉, 〈닥터 스트레인지〉, 〈블랙 팬서〉, 〈스파이더맨: 홈커밍〉과 〈어벤져스: 인피니티 워〉 등에서 시각 개발 팀장으로 활동한다. 현재 2019년 개봉을 앞둔 〈어벤져스: 엔드게임〉과 〈스파이더맨: 파 프롬 홈〉의 제작에 매우 즐겁게 참여하고 있다.

콘셉트 일러스트레이터 툴리 서머스는 영화 속에 등장하는 생물과 인물의 디자인 전문가로서 〈투모로우랜드〉, 〈정글북〉, 〈패신저스〉,

〈고스트버스터즈〉, 〈가디언즈 오브 갤럭시 VOL.2〉, 〈토르: 라그나로크〉 그리고 〈블랙 팬서〉의 제작 작업에 기여했다.

콘셉트 아티스트 웨슬리 버트는 클리블랜드 미술 대학에서 소묘와 화법, 조판을 전공했으며 순수 미술과 디자인 분야 모두에서 경력을 쌓았다. 그는 2001년 비디오 게임 개발사와 카드 게임 제작사로부터 프리랜서 작업을 수주하면서 본격적인 프로 일러스트레이터 겸 콘셉트 아티스트로 일하기 시작했다. 2004년에는 훗날 매시브 블랙이라 알려지는 콘셉트 아티스트 그룹에 가입하는데, 이 그룹은 비디오 게임 산업의 첫 번째 고급 아트 아웃소싱 스튜디오로 거듭났다. 이후 그는 매시브 블랙과 10년간 함께하면서 〈폴아웃 3〉, 〈폴아웃: 뉴 베가스〉, 〈배트맨: 아캄 오리진〉, 〈사일런트 힐〉, 〈인퍼머스〉, 〈인퍼머스 2〉, 〈리그 오브 레전드〉, 〈매직 더 개더링〉, 〈반지의 제왕 온라인〉, 〈미들 어스: 섀도우 오브 모르도르〉, 〈심즈 4〉 등을 포함한 수많은 비디오 게임, 장난감, TV, 영화 등의 제작에 참여했다. 그는 2006년 첫 번째 트랜스포머 실사영화를 비롯한 해즈브로 관련 영화 제작에 참여했으며 이후 트랜스포머 영화의 후속작인 〈트랜스포머 3〉, 〈트랜스포머: 사라진 시대〉, 〈트랜스포머: 최후의 기사〉 등의 제작에도 참여했다. 또한 〈닌자 터틀: 어둠의 히어로〉, 〈지.아이.조 - 전쟁의 서막〉, 〈지.아이.조 2〉 등의 제작에도 참여했다. 버트는 마블 스튜디오에서 시각 개발 아티스트로 재직하며 〈닥터 스트레인지〉, 〈블랙 팬서〉, 〈어벤져스: 인피니티 워〉와 향후 개봉을 앞둔 마블 영화들의 제작에 참여하고 있다.

제작 디자이너 찰리 우드는 1991년부터 엔터테인먼트 산업의 시각 효과 아트 감독으로 경력을 시작하여, 앤드류 데이비스 감독의 〈도망자〉와 〈언더 씨즈〉, 샘 레이미 감독의 〈이블 데드 3 - 암흑의 군단〉과 피터 위어 감독의 〈공포 탈출〉 등의 프로젝트를 함께했다. 이후 우드는 디자인 분야로 자연스럽게 이동하여 거대 제작사의 영화들부터 독립 영화에 이르는 다양한 프로젝트에서 활동했다. 최근에 참여했던 작품으로는 마블 스튜디오의 〈닥터 스트레인지〉, 〈어벤져스: 에이지 오브 울트론〉, 〈가디언즈 오브 갤럭시〉, 〈토르: 다크 월드〉와 조너선 리브스먼 감독의 〈타이탄의 분노〉, 조 카나한 감독의 〈A - 특공대〉, 앤디 테넌트 감독의 〈사랑보다 황금〉, 마이클 앱티드 감독의 〈어메이징 그레이스〉와 토니 빌 감독의 〈라파예트〉 등이 있다. 초기 경력으로는 피터 호윗 감독의 〈사랑에 빠지는 아주 특별한 법칙〉, F. 게리 그레이 감독의 〈이탈리안 잡〉과 스티븐 케이 감독의 〈겟 카터〉 등이 있다. 우드는 2000년에 TV 영화 〈제페토〉로 에미상® 수상 후보가 되었으며, 2007년에는 〈어메이징 그레이스〉로 새틀라이트상에서도 후보가 되었다.

소품 담당자 배리 기브스는 1981년부터 파인우드 스튜디오의 랭크 오거니제이션에서 〈혹성의 위기〉와 〈슈퍼걸〉의 제작에 모델 유닛 무대 담당자로 참여하면서 영화 산업 경력을 시작했다. 그 후 그는 소품 분야로 이직하여 리들리 스콧 감독의 〈레전드〉와 〈007 뷰 투어 킬〉 등에서 첫 일자리를 얻었다. 기브스는 무대 의상 분야와 현장 실무에 관련한 경험을 쌓은 다음 1985년부터는 프리랜서로 전환하여 줄리엔 템플 감독의 〈철부지들의 꿈〉의 제작에 참여했다. 3년 후에는 로알드 달 원작의 〈Danny, the Champion of the World〉에서 처음으로 소품 총괄직을 맡았다. 그 당시에는 영화와 광고 업계 모두에서 병행하여 종사하고 있었다. 그러다 1993년에는 제작 디자이너 짐 클레이와 함께 영화 〈단짝 친구들〉을 제작하기 위해 아일랜드로 갔다. 그때부터 〈Correlli's mandolin〉, 〈어바웃 어 보이〉, 〈러브 액츄얼리〉, 〈타임라인〉, 〈황금나침반〉, 〈007 퀀텀 오브 솔러스〉와 〈인셉션〉 등의 제작에 참여했다. 기브스는 대량 생산에 큰 흥미를 갖고 있기에 실제로 멋진 기술자 팀과 함께 대규모의 소품 상점을 운영하고 있다. 그는 〈퍼스트 어벤져〉, 〈토르: 다크 월드〉, 〈가디언즈 오브 갤럭시〉, 〈어벤져스: 에이지 오브 울트론〉 등의 제작에 참여하는 기회를 얻었다.

의상 디자이너 알렉산드라 번은 브리스톨 대학에서 건축 교육을 받다가 잉글리시 내셔널 오페라의 모틀리 코스를 밟고 전설적인 인물인 마거릿 해리스 아래서 무대 디자인을 공부했다. 그녀는 텔레비전과 극단 분야에서 세트 및 의상 디자이너로서 광범위하게 활동했다. 텔레비전 분야에서는 로저 미첼의 〈설득〉으로 영국 아카데미 시상식에서 최고의 의상 디자인 상을 수상했고 〈The Buddha of Suburbia〉로는 영국 아카데미 시상식과 RTS 시상식의 수상 후보가 되었다. 극단 분야에서는 로열 셰익스피어 컴퍼니에서 뉴욕의 링컨 센터의 무대 위로 올린 〈Some Americans Abroad〉로 토니상 최고의 무대 디자인 부문의 수상 후보로 올랐다. 번은 극단에서의 활동에 이어 케네스 브래너의 〈햄릿〉에서 의상 디자인을 맡아 첫 번째 오스카상을 수상했다. 또한 〈오페라의 유령〉, 〈추적〉, 〈에덴의 정원〉의 제작에도 참여했다. 그 후 〈골든 에이지〉와 〈네버랜드를 찾아서〉로 오스카 수상 후보에 두 번 더 선정되며, 〈골든 에이지〉로 마침내 오스카상을 수상했다. 번은 처음으로 제작에 참여한 마블 영화인 〈토르: 천둥의 신〉에서 케네스 브래너와 다시 한번 호흡을 맞추고 새턴 시상식에서 수상을 한다. 그런 다음에는 〈어벤져스〉에서 조스 웨던과 함께 작업했다. 워너 브러더스의 〈300: 제국의 부활〉에서 의상을 디자인한 후에는 다시 마블로 돌아와 제임스 건의 〈가디언즈 오브 갤럭시〉와 조스 웨던의 〈어벤져스: 에이지 오브 울트론〉의 제작에 참여했다. 번은 배우인 사이먼 셰퍼드와 결혼해 슬하에 아이 4명을 두고 있다.

의상 디자이너 주디아나 마코프스키는 〈씨비스킷〉, 〈플레전트빌〉과 〈해리 포터와 마법사의 돌〉 등의 작품을 통해 아카데미상® 수상 후보에 세 번 선정되었으며, 영국 아카데미 시상식의 수상 후보자로도 선정되었다. 마코프스키는 오랫동안 인상적인 경력을 이어오면서 〈가디언즈 오브 갤럭시 VOL.2〉, 〈캡틴 아메리카: 시빌 워〉, 〈캡틴 아메리카: 윈터 솔져〉, 〈에코〉, 〈헝거게임: 판엠의 불꽃〉, 〈트레스패스〉, 〈라스트 에어벤더〉, 〈내셔널 트레져: 비밀의 책〉, 〈미스터 브룩스〉, 〈엑스맨 - 최후의 전쟁〉, 〈내셔널 트레져〉, 〈베가 번스의 전설〉, 〈사랑을 위하여〉, 〈글로리아〉, 〈프랙티컬 매직〉, 〈위대한 유산〉, 〈데블스 에드버킷〉, 〈로리타〉, 〈화이트 스콜〉, 〈스페셜리스트〉, 〈사랑의 금고털이〉, 〈5번가의 폴 포이티어〉, 〈행운의 반전〉, 〈거리의 청춘〉과 〈빅〉 등 30개 이상의 영화에서 멋진 코스튬 디자인 작업을 선보였다. 마코프스키는 현재 제목 미정의 어벤져스 시리즈 4번째 영화 제작에 임하고 있다.

소품 담당자 러셀 보빗은 마블의 〈아이언맨〉, 〈토르〉 시리즈와 〈캡틴 아메리카: 윈터 솔져〉의 제작에 참여한 경력이 있으며, 또 〈오즈 그레이트 앤드 파워풀〉,〈행오버〉, 〈행오버 2〉와 JJ 에이브럼스 감독의 〈스타트렉〉에도 참여했다. 보빗은 영화 소품의 디자인, 제작 및 구매와 신별 소품 콘티 제작을 맡아 30년 동안 유명한 영화들의 현실성을 살려 왔다. 그는 명망 높은 해밀턴의 "비하인드 더 카메라" 시상식의 최고 소품 담당자 부문에서 두 번 수상을 했으며, 텔리 시상식의 감독 부문에서도 두 번의 수상을 했다. 보빗은 현재 자신의 아내 트레이시와 딸 조단과 함께 로스앤젤레스에서 살고 있다.

제 ▸

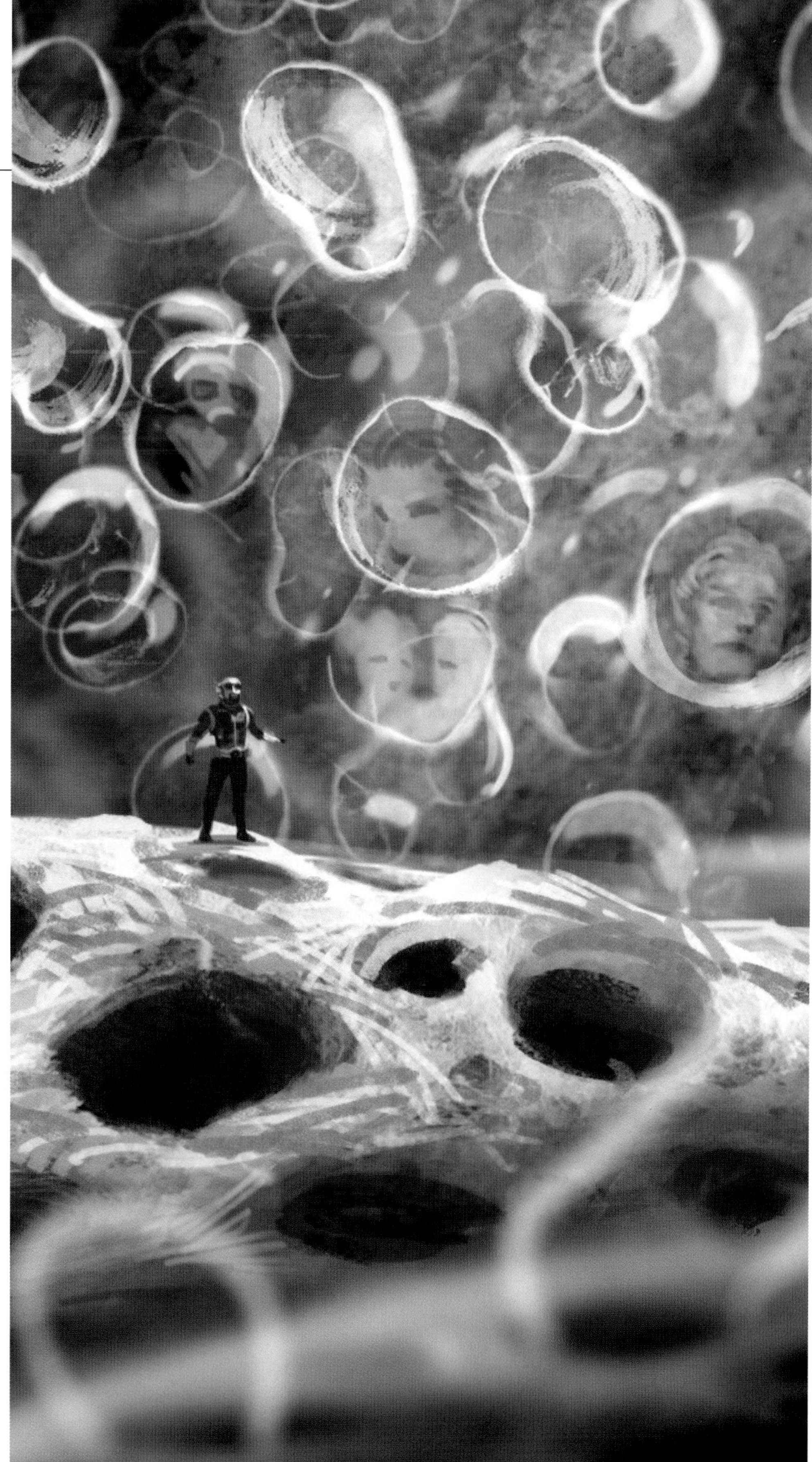

ARTIST CREDITS 제작 아티스트

닉 에인즈워스
31, 34쪽

닉 크로스
19쪽

대니얼 사이먼
16, 21쪽

댄 워커 16, 72쪽

더블 네거티브
11쪽

라이언 메이너딩
슬립 케이스
표지
2-3, 14-15, 39-41, 44, 48-49, 91, 93, 106, 108-109, 112-113, 116-117, 120, 122-123, 124, 130-133, 136-138, 178-179쪽

로드니 푸엔테벨라
23, 29, 38, 40, 104, 112, 129, 139-140, 157쪽

로베르토 페르난데스 카스트로
35, 68, 79쪽

루크 화이트록
78쪽

리스 이반
80, 83쪽

리처드 앤더슨
169쪽

릭 하인리히
12쪽

마크 스웨인
100쪽

메소드 스튜디오
70쪽

모로 보렐리
9-11, 12-14쪽

무빙 픽처스 Co.
66쪽

밥 체셔
52, 58-59, 62, 64-65, 67, 83, 100-102쪽

새라 진
83쪽

숀 하그리브스
98-99쪽

스티브 정
18쪽

스티븐 슈릴
25, 95, 104, 106, 156, 158, 163-164, 173쪽

실비아 바톨리
170쪽

아디 그라노브
127-128쪽

알렉산더 맨드라지예프
88, 91, 115, 148쪽

애덤 델 레
추가 디자인
1, 6-7, 184쪽

애덤 로스
138, 183쪽

앤드류 캠벨
168쪽

앤디 박
22-23, 28-29, 33, 36-38, 40, 45, 69, 73, 76-77, 134-135, 149, 151-154, 162-163, 166-167, 176-177쪽

앤서니 프랜시스코
90, 92, 94, 155, 157-159, 164, 173쪽

앨런 페인
85쪽

엠마 클러프
63쪽

올리비에 구디어
52-53쪽

웨슬리 버트
117-118, 121, 123, 128쪽

이언 조이너
164-165쪽

얀 엥겔
100쪽

잭 더드먼
32, 71, 81쪽

잭슨 제
25, 60-61, 74-75, 86-87, 147, 157-161, 169, 171, 174-175, 181쪽

저래드 메란츠
117, 119쪽

저스틴 스위트
71, 105, 172쪽

제러드 던레비
168, 170쪽

제이미 라마
155쪽

제이슨 녹스-존스턴
17쪽

조시 니치
141쪽

조시 허먼
119, 121쪽

존 스타웁
26-27, 47-48, 124, 136, 172쪽

존 이브스
147쪽

줄리언 데호프-본
67쪽

줄리엔 포그니어
54쪽

줄스 파이어스
51쪽

짐 카슨
11, 63쪽

찰리 웬
11, 30, 36, 39, 44, 50, 72, 146쪽

촬영 스틸샷 및 소품
8-10, 13, 16-17, 18, 20-23, 24, 28-29, 31,34-35, 37, 43-48, 50-51, 53, 55, 57, 60, 63, 65-67, 69, 72-73, 76, 79, 80-85, 87, 89-90, 93, 95-96, 98, 103, 105, 107, 111-114, 116, 118, 120, 124-125, 127-128, 130-131, 133-136, 138-139, 142-143, 144, 146-148, 150, 152, 154, 156-157, 160-162, 167-168, 171쪽

카를라 오르티스
81, 86쪽

케빈 젱킨스
58-59쪽

콘스탄틴 세케리스
104쪽

크리스 로즈원
35쪽

크리스 케슬러
96-97쪽

크리스찬 코델라
149쪽

크리시 하우스
42쪽

타니 쿠니타케
22쪽

툴리 서머스
144, 162쪽

팀 크로쇼
54쪽

팀 힐
9, 82, 96, 107, 110쪽

파블로 카피오
168쪽

파비안 레이시
30쪽

폴 캐틀링
17, 42-43쪽

피트 톰프슨
46, 55-56, 80, 88-89쪽

필 손더스
39, 125-128, 143-144쪽

MARVEL STUDIOS

THOR

MARVEL STUDIOS

CAPTAIN AMERICA
THE FIRST AVENGER

MARVEL STUDIOS

THE AVENGERS

MARVEL STUDIOS

THOR
THE DARK WORLD

Marvel.com/Thor

MARVEL STUDIOS

CAPTAIN AMERICA
THE WINTER SOLDIER

MARVEL STUDIOS

GUARDIANS OF THE GALAXY

MARVEL STUDIOS

AVENGERS
AGE OF ULTRON

MARVEL STUDIOS

CAPTAIN AMERICA CIVIL WAR

MARVEL STUDIOS

DOCTOR STRANGE

MARVEL STUDIOS

AVENGERS
INFINITY WAR

APRIL 27
IN REAL D 3D AND IMAX

MARVEL STUDIOS

ANT-MAN AND THE WASP

MARVEL STUDIOS

IN REAL D 3D MARCH 8 AND IMAX